JN300551

グリーンブックレット
Green Booklet 7

現代社会とコンプライアンス

企業・行政・
市民社会からの
アプローチ

立正大学
法学部
法制研究所 [編]

成文堂

はしがき

立正大学法学部特任教授
川 内 克 忠

　本書は，シンポジウム『現代社会とコンプライアンス―企業・行政・市民社会からのアプローチ』（立正大学法学部・法制研究所主催）（2009年12月5日）において，企業と行政と市民におけるコンプライアンスへの取り組みの現状と課題について多角的に検討した内容を再現するものです。

　基調講演ならびにパネリストとコメンテーターの報告，パネル・ディスカッションの論議の内容を再現し，パネリストとコメンテーターが用いた資料を掲載するとともに，シンポジウムで中心的テーマとなった企業のコンプライアンスとガバナンスに関しての理解を深めるために，改めて書き下ろした論考を追加して掲載しております。

　ここ10年，民間企業においては粉飾決算をはじめ株主偽装，食品偽装，自動車のリコール隠ぺい等の法令に反する事案や，行政においては公共調達を巡る不祥事，不適正な経理処理などの事案が続発しています。このような不祥事の背景としては，企業では組織に属する者のコンプライアンス意識の低下，経営のチェック機能の不全など，行政では法令等の遵守（コンプライアンス）や公金の取り扱いの重要性に対する認識の低下等があげられます。

　上述のような企業の一連の不祥事は，一過性のものというより，日本の企業システムや制度が構造的な欠陥を抱えていることを示唆するものです。すなわち，株式会社に本来備わっているはずの「経営のチェック機構」が機能しなかったために生じたともいえます。

　企業の不祥事は昔からありましたが，1970年代後半にコーポレート・ガバナンス（企業統治）という概念がアメリカの会社法の領域において論議の対象となりました。わが国においても1990年代から大規模公開会社は株主の利益を最大化するためだけの道具なのか，株主以外の会社関係者―従業員，サプライヤー，顧客，地域社会等のいわゆるステークホルダー（利害関係者）の

利益は制度的にどのように位置づけられるべきなのかという議論と関連づけて，大会社の管理運営機構，ないしは経営のチェック機構（たとえば，取締役会・監査役（会），監査委員会・指名委員会・報酬委員会，社外取締役・社外監査役，会計監査人等）はどうあるべきかが論議されてきました。

このようなコーポレート・ガバナンスの課題は，第一に，企業経営の適法性（コンプライアンス）の確保，第二に，企業経営の効率性の確保，第三に，社会的責任ある経営（CSR）の確保です。第三の課題に関しては，大会社を単なる株主の利益追求のための道具にとどまらない社会的制度として考えると，社会的責任ある経営を行うための制度的装置の検討が必要であろうと思われます。

また，会社の業務の適正を確保するための体制，すなわち会社法上の内部統制システムは，コーポレート・ガバナンスの観点からの業務の有効性・効率性をその目的として含んでおり，金融商品取引法上の内部統制の目的のように「財務報告の信頼性」に限定されていません。

次に，地方公共団体においても，預け金，一括払い，差換えなどの不適正経理，法令違反などの公務員の不祥事の続発により，地方行政に対する住民の信頼が揺らいでいるのが現状です。法令遵守の徹底，厳正な服務規律の確保や適正な予算執行の確保によって，不正の根絶，不適正な事務処理の改善に向けた取組を推進することによって，住民の信頼を回復することが重要な課題になっています。

地方公共団体の場合，納税者である住民に対するサービスの実施の観点から，業務の有効性および効率性の追求が重要であり，その前提として公平性・公正性が求められることからコンプライアンス（法令等の遵守）に基づく合法性・合規性の確保が重要となります。これらに加えて，財務報告の信頼性および資産の保全の確保を目的として，内部統制の整備・運用を図ることが，行政のガバナンスとして求められます。

本公開シンポジウムにおいては，現代社会における企業および行政組織の経営のありかたを，コンプライアンス，ガバナンスの視角から多角的に検討しました。

基調講演では，早稲田大学前総長奥島孝康氏の基調講演「会社法から見た

コンプライアンス―企業のサステナビリティの観点から―」に続き，パネル・ディスカッションの前に，パネラーおよびコメンテーターから以下のような報告がなされました。

　パネラーとして，荻野博司氏（朝日新聞記者）「現代社会とコンプライアンス」，深見啓司氏（横浜市行政運営調整局コンプライアンス推進室長）「横浜市のコンプライアンス体制について」，コメンテーターとして，池田秀雄氏（立正大学法学部教授・弁護士）「企業内におけるコンプライアンス」の報告がなされ，コメンテーター山口道昭氏（立正大学法学部教授・法制研究所長）の問題提起後，コーディネーター川内克忠（立正大学法学部特任教授）の司会によってパネル・ディスカッションが行われました。

　当日，200名近い市民，学生，教員がシンポジウムに参加しましたが，立正大学法学部の学生諸君は，企業と行政におけるコンプライアンス，ガバナンスへの取り組みの現状と課題について，第一線の研究者，マスコミ関係者，行政マンおよび市民による白熱した議論を聴いて，今後の勉学における新たな問題意識を得られたことと思います。このブックレットが学生諸君の学習の一助となれば望外の喜びです。

目　　次

はしがき……………………………………………川内克忠　i

第1章　基調講演

「会社法から見たコンプライアンス
　―企業のサステナビリティの観点から―」……………奥島孝康　3

第2章　パネル報告

現代社会とコンプライアンス………………………………荻野博司　9
横浜市のコンプライアンス体制について　………………深見啓司　20
企業内におけるコンプライアンス　………………………池田秀雄　28

第3章　パネル・ディスカッション……………………………35

第4章　現代社会における企業のコンプライアンスとCSR

………………………………………………………川内克忠　55
　　　　　　　　　　　　　　　　　　　　　　出口哲也

あとがき　………………………………………………鈴木隆史　75

第7回　立正大学法学部・法制研究所シンポジウム

「現代社会とコンプライアンス
〜企業・行政・市民社会からのアプローチ〜」

2009年12月5日
14：00〜16：30

立正大学熊谷キャンパスA101教室

第1章
基調講演

会社法から見たコンプライアンス
―企業のサステナビリティの観点から―

早稲田大学前総長・法務研究科教授
奥 島 孝 康

◆企業と社会

　今の世の中はいろいろな問題を多く抱えています。しかし，本来，人間が他人に迷惑をかけない生き方をするならば，問題はほとんど起こらないと考えられておりました。いわゆるレッセフェールと呼ばれた時代の考えです。フランス人権宣言の第4条は，自由は他人の自由が始まるところで終わると

いうことを示しています。つまり、他人の自由を認めなければ、自分の自由も認めてもらえないわけですから、自由にやっていいけど他人に迷惑をかけてはいけないよということです。ですから、他人に迷惑をかけずに生活している限り、何も法律が細かく規定しなくても、うまくやっていけるはずです。ところが、現実にはそうはいきません。生き馬の目を抜く社会において、チャンスがあればそのチャンスに付け込もうと考える者がおり、それが高じた結果、現在のアメリカン・モデルと言われる市場経済が出来上がってきたのではないかと考えます。そして、日本もいよいよ本格的にアメリカン・モデルの経済の中に放り込まれることとなったわけです。今や、私たちはどのようにこの状況に対応していくべきなのかを考えていかなければならないわけですが、その一つの教訓となるものとしてネーダー（アメリカの市民運動家・弁護士）の議会での発言を挙げることができます。ネーダーが参考人として議会に呼ばれたとき、ある議員がネーダーに対して、「確かに企業は少しばかりの悪事を行っているかもしれないが、それ以上に多くのよいこともしている。だから、企業を悪者扱いして責め立てるのは不当ではないか。」と質問しました。これに対して、ネーダーは、「それは間違いである。泥棒は四六時中泥棒をやっているわけではないが、たった一回、一瞬だけ泥棒をやっても泥棒と呼ばれるではないか。」と反論したのです。企業は、おそらく100に1つも間違いを起こすことはないでしょうが、しかし、そのわずか1つの間違いが世の中に非常に大きな影響を及ぼすおそれがあるということを考えておかなければならないと思います。

◆アメリカの模倣の限界

　アメリカの真似をすることは、日本にとって決して良い結果をもたらさないと考えます。実際に、日本が手本としたアメリカでは、巨大エネルギー会社であるエンロンや世界的な会計事務所であるアーサー・アンダーセンが不正を働いていたことが明るみになりました。また、サブプライムローン問題では、非常にレベルの低い債権が巧妙に組み合わされていました。これは一種の詐欺です。このような巧妙な詐欺が堂々とまかり通っているアメリカを、

日本はただただ真似ていればよいということは決してないのです。

◆「人間の幸せ」というフィロソフィー

　さて，コンプライアンスの問題のほとんどは，企業に関連していると考えてよいと思います。なぜなら，私たちの社会の資産，雇用の機会あるいは物資の供給の8割は上場会社が握っているといえるからです。私たちは，電車に乗る際には鉄道会社と旅客運送契約を結びますし，スーパーからは多くの物資の供給を受けて生活しています。おそらく，企業と法律的な関係を結ばずに生活している人はいないでしょう。ですから，私たちは，コンプライアンス問題に関わっていかざるをえないのです。

　コンプライアンスを検討する際に最も重視すべきことは「人間の幸せ」というフィロソフィーであると考えます。アメリカのように，コンプライアンスの議論が重ねられ，法律や規則などの様々なシステムができあがっていても，その頂点にある企業がそのシステムに違反するようなことをすれば，結局，全世界に迷惑をかけることとなってしまいます。本シンポジウムにおいてコンプライアンスとは何なのかということを検討することは，どのようなアプローチによって「人間の幸せ」を実現するのかということを浮かび上がらせることです。私は，主として法律というアプローチによってコンプライアンスを考えてみようと思います。

　今までは，社長が悪事を働くのではないかということが問題とされてきました。すわなち，コーポレート・ガバナンスと呼ばれる議論です。会社以外の組織においても，たとえば市政であれば市長が，学校であれば理事長が悪さをしないように，監督することが必要とされています。このような組織のトップを監督するシステムは比較的確立しつつあります。しかしながら，これだけでは不十分です。内部統制（インターナル・コントロール）が必要です。つまり，社長，市長，理事長は自分たちの部下に対して，「こういう間違いを起こすなよ」と言い聞かせておかなければならないわけです。会社の取締役の内部統制構築義務は平成12年に大阪地裁の裁判例で認められ，現在の会社法では348条に規定があります。社長は自分の目の届かないところについ

ては、内部統制を及ぼしておかなければならないことが義務として求められているのです。他方で、内部統制はトップの責任回避のための一種の安全策（セーフティー・ガード）と言い換えることもできます。きちんと内部統制を構築している中で、部下がそれに違反した場合には、社長は責任をとらなくてもよいということが導かれるからです。

　コーポレート・ガバナンスと内部統制が機能しつつある今日、会社法はどの方向に向かうかということが一つの大きな問題といえるでしょう。この問題を考える上では、すでに述べたように、「人間の幸せ」というフィロソフィーが最も大事であると思います。このフィロソフィーの表れのひとつが、CSR（Corporate Social Responsibility：企業の社会的責任）です。たとえば、私は10くらいのボランティア組織の理事長をやっております。ボランティア活動は大変忙しいのが実情で、その活動は内部事務局によって支えられています。ところが、ボランティア活動を有償で行うことはできないので、彼らに給料を支払うのは難しい。このような状況にあって、企業が寄附をしてくれれば、ボランティア活動は大きく前進します。ボランティア活動に理解がある企業かどうかは、その企業のトップがボランティア活動をどのように考えているかということに左右されます。というのも、トップの考え方は組織全体の環境を決定します。その環境が成熟する中で、企業がいかに社会的責任を果たすべきなのかということが議論される。コーポレート・ガバナンスや内部統制は、この議論の前提条件であると私は考えます。

◆グローバル・コンパクト

　企業の社会的責任に関する議論は、様々なところで提起されています。みなさんにぜひ知っていただきたいのは、国際連合の「グローバル・コンパクト」です。これは、国連が「人間の社会的責任」としてこれから考えなければならない10の原則について、民間企業へ参加を呼び掛ける取り組みです。注目すべきは、国連が民間企業に対して、一切参加を強制していないことです。しかしながら、国連において、多くの人々が国連の考え方に賛同する流れができることはひとつのソフト・ローの誕生と評価することができます。

ソフト・ローは，法律ではないけれども，事実上，法律を考える際の一つの基準として役に立ちます。たとえば，日本の会社法では，取締役は注意義務を果たさなければならないと規定されています。しかし，どのような注意義務を果たさなければならないかということについては，会社法は何も規定していません。そこで，注意義務がどこまで及ぶのかということを検討する際に，国連のグローバル・コンパクトが一つの指針となりうるわけです。グローバル・コンパクトは人権について2つの原則を，環境について3つの原則を，労働について4つの原則を，そして腐敗防止に関する原則1つを，合計10の原則を含んでいます。これらの原則は，「こういうことはしてはならない」というものではなく，「こういうことをしましょう」という性質のものです。これらの原則が共通の規範として認識されてくると，日本の会社法の解釈にも影響を与えるのではないかと思われます。たとえば，環境に配慮しないのは取締役の注意義務に違反するのではないかとか，人権を尊重しないのは取締役の注意義務を怠っているのではないかというように，注意義務の基準が変化してくると考えられるのです。そして，取締役の注意義務の基準が変化することで，会社の行動そのものも変わってくるはずです。

◆まとめ

　現在，国連だけでなく，様々な機関がコンプライアンスに向けた提案を示しています。それらの提案を企業が採用することは，会社法の実質的な部分に変化をもたらします。すでに述べたように，会社は，世の中のほとんどすべてに関わっているわけですから，会社法の中身の変化は私たちの生活にも影響するのだ，という意識を持って，コンプライアンスを検討していくべきだと私は考えます。

基調講演 資料

会社法から見たコンプライアンス
―企業のサステナビリティの観点から―

早稲田大学法務研究科教授

奥島　孝康

　この20年来,「コーポレート・ガバナンス」が叫ばれ,いわゆる平成会社法は,その点にかなり配慮した内容を盛りこんだものとなった。とりわけ,「内部統制システム」に関する条項が取り入れられて,ガバナンスが経営システムの上下にわたってシステム化されることになり,会社のガバナンスは全般的に強化された。

　しかし,他方では,一企業の問題を超えて地球・人類のサステナブル・ディベロップメント（持続的成長）問題が深刻化してきたため,それに対する企業の責任として「CSR」（企業の社会的責任）が急速に強調されるようになってきた。

　この報告で,私は会社法における「サステナビリティ」（持続可能性）の問題と,ISO（国際標準化機関）が近く発表する≪ISO26000≫との関係を中心としながら,広い意味での企業のコンプライアンスの問題を検討してみたい。

第2章
パネル報告

現代社会とコンプライアンス

朝日新聞社記者
荻 野 博 司

◆コンプライアンス，ガバナンス，CSR

　現在，私は環境に関する社内プロジェクトの責任者を務めております。平成21年9月に，都内のホテルで地球環境フォーラムを開催し，当時の民主党の代表であった鳩山氏に御登壇いただきました。その場で，鳩山氏はCO_2の25パーセント削減についてお話しされました。各社の記者が，鳩山氏の発言を記事にしようとしているのを見て，主催者として興奮したことを覚えてお

ります。

　さて,コンプライアンス,ガバナンス,CSRというのは似たような概念ですので,この三者の関係を整理したいと思います。熊谷市を通っている新幹線を企業とすれば,まず,コンプライアンスとは,一番下を支えるレールであるといえるでしょう。レールがしっかりしていないとその上に何かを設置しても,何も意味をなさない。つまり,コンプライアンスを疎かにすればすべては無に帰すわけです。次に,ガバナンスとは,レールの上を走る新幹線を正確,安全,効率的に目的地に届ける手立てであるといえます。それでは,CSRとは一体何なのでしょうか。新幹線が軌道の上を走り,その乗客が満足しさえすればそれでよいわけではありません。線路のそばの住人が騒音や振動で悩まされないように配慮しなければならないのです。このような配慮がCSRといえるでしょう。したがって,コンプライアンス,ガバナンスおよびCSRという3つの概念は,まず,コンプライアンスを万全にし,次にガバナンスを効かした上で,CSRを議論するという三層構造によって把握すべきです。このように考えると,時代とともにCSRの内容が変わっていくことを理解できると思います。そして,この3つの概念は相互に連関し,影響を及ぼしています。

◆山一証券と日興コーディアルグループの事例

　山一証券は,経営破綻の4年前に「山一証券極秘報告書」という内部報告書をまとめていました(後掲資料①「暴走経営の怖さ」参照)。その内容は,「わが山一丸は今確実に沈みつつある。経営がこのままで推移すれば当社は5～6年以内に破綻する」,「座して死を待つか。それとも結果に拘らず思いきった施策を展開して局面の打開にチャレンジするか。決断が遅れれば遅れるほど選択の余地は少なくなる。……償却対策と収益対策について抜本的対応が必要になる」というものでした。残念ながら,トップは抜本的対応ができず山一証券は消滅することとなってしまいました。

　他方で,日興コーディアルグループは山一証券とは対照的な存在と見られていました。日興は「教科書的には」コーポレート・ガバナンスおよびコン

プライアンス体制を構築しました（後掲資料①「事例研究：日興コーディアルグループ」参照）。取締役会を社外取締役中心の構成に改め（後掲資料①「問われるガバナンス」参照），平成16年には委員会設置会社（当時は委員会等設置会社）に移行しました。委員会設置会社は，監査役による監督ではなく，社外取締役を中心とした取締役が業務執行者である執行役を監督するという仕組みです。役員報酬額の個別開示や積極的なIR活動にも取り組んでいきました。しかし，このような体制を構築していたにもかかわらず，日興は子会社の不正会計を防止することができませんでした。東京証券取引所から上場廃止という形で退場を迫られるのではないかというところまで追い詰められ，結果として，かつてのライバルであった三井住友グループに身を委ねることとなったのです。

◆まとめ

　それでは，なぜ，日興は不正を防ぐことができなかったのでしょうか。結論から申し上げると，それはトップの意識に問題があったからだと考えます。
　優秀なトップをどのように選ぶのか，優秀なトップが在任中に変質してしまったときに，あるいはコンプライアンスに違反するときに，そのトップをどのように排除するのかといった問題に対応する仕組みとして，ガバナンスが存在していなければなりません。しかし，不正の防止において，「トップの覚悟」というものが極めて重要なファクターであると思います。このファクターを無視して，コンプライアンスの議論を深めることはできないのではないでしょうか。たとえば，「海外ではこのような制度を整備している」という制度論だけを論じるのでは不十分で，規範論やトップリーダー論といった実体論にも踏み込んで議論することが必要です。どのような人間がトップにいるのかということは，組織にとって大変重要なことであると考えます。

パネル報告

資料①

問われるガバナンス

社外取締役への評価

経産省の問題提起（企業統治研究会：神田秀樹座長，委員20名／審議期間：6カ月）

- 結論　①「独立」な役員が存在することを前提として，社外性に多様性を認め，一律に「社外性」要件を「独立性」要件に置き換えない　②社外取締役を設置し，ガバナンス体制を整備，実行することについて開示（COMPLY OR EXPLAIN）③法改正をせず，金融商品取引所の対応に委ねる（SOFT LAW）⇔金融庁には「我が国金融・資本市場の国際化に関するスタディグループ」（池尾和人座長，委員26名／22回の審議）

経団連の主張（09／04／14「より良いコーポレート・ガバナンスをめざして」）

- 結論　①社外取締役の数よりも取締役の質が重要②多様性を認め，実質については開示情報に基づいて最終的に株主が判断する枠組みが適切③監査役がすでに与えられている権限を十分に発揮できる態勢整備や社内連携の強化に取り組むべき④議決権行使結果の開示を義務付けるべきではないが，自主的な取り組みは評価＝要は今のままで十分であり，個別企業に任せておいてくれ

会社は誰のために

- 誰のための会社か（株主，従業員，経営者，債権者，地域社会……）
- 経営の公正さをどう保つか（取締役，監査役，監査法人，株主，従業員，証券取引所，裁判所，監督官庁……）
- 競争力をどう高めるか（収益力と持続可能性，トヨタと日産，ソニーと松下，帝人とカネボウ）
- 社会性をどう位置づけるか（消費者金融の明日，途上国生産のリスク，リ

コールの恐ろしさ）
- コーポレート・ガバナンスの定義（「多くの利害関係者によって構成される会社組織，とくに大規模公開会社において，公正な経営を進めることで企業価値を高め，そこにおいて得られた利益や危険を第一義的には株主に，さらには他の利害関係者（日本ではとりわけ従業員）にどう適正に配分するのかを考えるもの」）

暴走経営の怖さ
報告書の数々
- 日興特別調査委員会（委員：検事OB，弁護士2人，経営倫理研究者／調査期間：1カ月強）
  結論　意思決定者への断罪（会長：監督すべき立場にあったが→無能な君主／社長：積極的な関与の疑いは払拭できず→重大な経営上の責任／CFO：積極的な関与の疑いも否定できず→首謀者／子会社社長：直接かつ主体的に関与→首謀者／他の子会社社員：発行日操作の実効行為者→首謀者の手先／経営委員会メンバー：強い批判を加えることは難しい→無知・無機能／監査メンバー：問題提起や警告もしている→限界あり）
- 山一証券極秘報告書「経営構造の改革について」（作成者：総務部門責任者／93年9月）
  結論　「沈みゆく船」（わが山一丸は今確実に沈みつつある。経営がこのままで推移すれば当社は5～6年内に破綻する）　「裸になって出直す」（座して死を待つか。それとも結果に拘わらず思いきった施策を展開して局面の打開にチャレンジするか。決断が遅れれば遅れるほど選択の余地は少なくなる。……償却対策と収益対策について抜本的対応が必要になる）

事例研究：日興コーディアルグループ
（08年5月，日興シティホールディングスに商号変更。09年5月，三井住友フィナンシャルグループの傘下に）

1998年6月	商法上の役員の削減，執行役員制度の導入 ⇒経営と業務執行の分離
1999年10月	役員人事報酬委員会の設置 ⇒取締役，執行役員の処遇制度の抜本的見直し
2000年3月	業務執行委員会導入 ⇒日常的業務のより機動的な執行
2000年4月	経営諮問委員会の設置 ⇒客観的な助言により取締役会の活性化
2001年10月	持株会社体制への移行 ⇒グループ全体の経営戦略の策定
2002年2月	持株会社・グループ会社に対する検査体制の整備 ⇒第一検査部，第二検査部の設置
2003年1月	内部通報制度の創設 ⇒社外弁護士への通報による，不正行為の未然防止，早期発見
2003年6月	役員報酬制度の見直し ⇒株式報酬型ストックオプションの導入，取締役退任慰労金制度の廃止
2004年6月	委員会設置会社へ移行
2005年3月	ディスクロージャーの拡充 ⇒配当予想の公表開始
2007年2月	経営倫理委員会，グループ統制部門執行役，グループリスク管理部門執行役の設置 ⇒内部統制システムの強化

(削除された1項目)

| 2004年5月 | 代表取締役(現在は,代表執行役)の個別報酬開示を開始(03年5月発表) |

(日興コーディアルグループホームページより)

取締役会構成
03年6月:取締役10名(うち非常勤3名),監査役5名(うち社外3名)
04年6月:取締役12名(うち社外5名) ←委員会制度導入
=指名:社内2(委員長=CEO) vs 社外3／報酬:社内2(委員長) vs 社外3／監査:社内1(委員長) vs 社外2⇔ほかに「協働」する監査特命取締役(=監査委員長を営業ポストとする見返り,監査役の処遇,内部データの解読役,社内監査役の代替,監査委員会の仕切り役／証券業界特有の制度?)
05年6月:取締役12名(うち社外5名)
=指名:社内2(委員長=CEO) vs 社外3／報酬:社内2(委員長) vs 社外3／監査:社内1(委員長) vs 社外2⇔ほかに監査特命取締役
06年6月:取締役13名(うち社外4名)
=指名:社内1(委員長=CEO) vs 社外3／報酬:社内1(委員長) vs 社外3／監査:社内1(委員長) vs 社外2⇔ほかに監査特命取締役
07年6月:取締役10名(うち社外5名)
=指名:社内2(委員長=CEO) vs 社外3／報酬:社内1(委員長) vs 社外2／監査:社外のみ4⇔ほかに監査特命取締役

・渡辺淑夫氏(国税OB,税理士,青山学院名誉教授):03年から社外監査役,04年から社外取締役,現監査委員長,04年11月8日監査連絡会「うさん臭さから疑義を提示」(特別調査報告書での引用),「他の取締役の働きかけを受けたに過ぎない」との批判も
・松本啓二氏(弁護士):00年から日興プリンシパル・インベストメンツ監査役,04年から社外取締役,早朝から出社する精勤ぶり,現在は全委員会メンバー,法務サービスとの兼ね合いは?

委員会設置会社への転換

- 「3委員会を置き，取締役会で選任された執行役が権限委譲を受け業務執行に専念できる体制を整え，一層の監督機能の強化，経営の透明性・迅速性の向上を推進」（ガバナンス報告書）
- 推進役は有村前社長（経営の自由度，迅速さ）⇔金子前会長は慎重論（未成熟，日本では監査役が機能，社外取締役＝仲良しクラブ）
- ビジネスラインが明確化するとともに，横のチェックが疎かになる弊害も＝遠心力が働く攻めの経営
- 監査体制の骨抜き：事件当時の監査委員長は営業出身，監査役会が関与した人事慣行の打ち切り，任期の短縮（4年→1年）
- 表面的なLEGITIMACY：「人事や報酬ならば社外が機能するという理屈だが，昔の価値観の社外取締役では提案者の顔を見るイエスマンになってしまう」「お友達ボードでしかなかった」「証券のB/Sが分かるのは，社内の数人だけ」→「委員会の承認」というお墨付きの怖さ
- 社外取締役の独立性：監査委員は社内2800万円，社外2000万円（最長5期まで），他委員は1200万円前後／「監査委員の拘束の長さ・責任の重さに配慮」⇔辞任の覚悟が不可欠のはず／07年3月期社外取締役4名に6600万円／10万ドルが相場の米国でもSOX法で高騰に
- 2000年4月設置の「経営諮問委員会」＝擬似タイプの委員会制度（中谷巌教授，大星公二・NTTドコモ会長，瀬谷博道・旭硝子会長，山本義彦・日興ソロモン・スミス・バーニー証券株式調査部マネジングディレクター，内海学・慶応大学教授，吹野博志・デルコンピュータ会長，野中ともよさん）：外部からの経営全般に幅広い助言で，経営の健全性を保つ。四半期決算ごとに取締役も交えて討議→いずれも取締役には起用せず⇔「全員が断った」

役員報酬開示

- 経営改革の一環：役員報酬制度の見直し
- 取締役退任慰労金制度の廃止・株式報酬制度の導入＝03年6月総会で

承認，「会社業績や株主価値との連動性をさらに高め，株主重視経営の徹底を図る」

現行制度

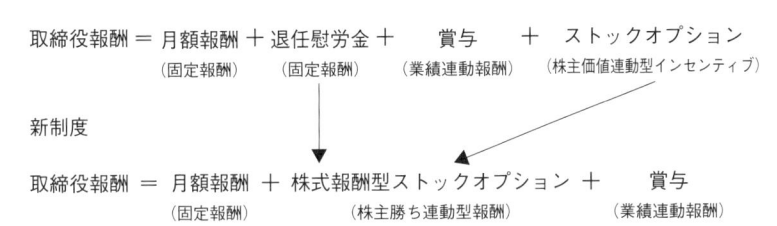

取締役報酬 ＝ 月額報酬 ＋ 退任慰労金 ＋ 　賞与　 ＋ 　ストックオプション
　　　　　　　（固定報酬）　（固定報酬）　（業績連動報酬）　（株主価値連動型インセンティブ）

新制度

取締役報酬 ＝ 月額報酬 ＋ 株式報酬型ストックオプション ＋ 　賞与
　　　　　　　（固定報酬）　　（株主勝ち連動型報酬）　　　（業績連動報酬）

- 実際はストックオプション（株主価値連動型）を廃止し，退職慰労金のほか賞与の3分の1を振り替え，賞与の3分の1は新制度でも残る，株式報酬型オプションの行使価格は1円＝実質的な株式の付与
- 役員報酬個別開示：連結ベースの役員報酬総額＝03年3月期営業報告書，代表取締役個別報酬＝04年3月期営業報告書），「金子さんの心意気」，「より一層の情報開示の充実」→「きわめて高く評価されます」（株主オンブズマン），他の導入例にはイオン・東京エレクトロンなど
- 金子会長の信念：日本取締役協会の論客＝資本市場を正しく使う委員長「正しい敵対的企業買収に向けた提言」（05年6月），制度インフラと透明性委員長「経営者報酬の指針」（05年2月），IRの先導役，公開会社としての覚悟，形を整えたものの有村社長の影響下に
- 透明度の限界：金子昌資（04年：7100万＋0／05年：6400万＋5400万／06年：6200万＋6000万），有村純一（04年：7000万＋0／05年：7100万＋6400万／06年：7100万＋8800万），「他社が実行していない中では，比較もできない」，1円オプションは個数のみの開示（06年：金子122個，有村186個）
- あいまいな打ち切り：「シティへの引継ぎや新体制の人選で調整がつかず」⇔「一度やめると再開はできまい」
- 憶測：粉飾と背任（刑法247条）の「図利」の構図が明確になる危険，村上ファンドのインサイダー取引立証より安易？

- 米親会社との矛盾：「同社（シティ）が有する企業統治システムを当社にも及ぼすことによって，当社グループの経営課題に対処し，コーポレート・ガバナンスの更なる充実を目指す」(社外取締役ヴォルク氏の紹介)，米国で義務付けられる役員報酬の開示（CEO, CFO, 上位3名）

積極的なIR活動
- 広報部から広報IRへの充実：98年以降，アナリストを擁し，海外駐在経験者をIR担当者に起用／04年3月に広報とIRに分化
- 金子社長＝自社株のトップセールスマン，「金子IR部長」，天声人語での評価

持ち株会社の虚構
- 兼務する監査担当者＝NPI監査役兼グループ監査委員の限界
- 持ち株会社＝饅頭の皮？，当初のグループによる統制→各社の自立とビジネスライン確立→権限は人事権のみ→監査委員会は無力
- 30人の会社が1万3000人を振り回す愚
- 「大きな箱とパーツ（リテール・投資銀行，資産管理，マーチャントバンク）は作ったが，双方向のガバナンスは不在」＝改革はしても，検証はなし
- グループ投資委員会の解消→CEOの独断と事後報告，金子会長が主導

防げなかった不正
- 会計操作の動機：①大和証券に離されることへのあせり②NPI平野を引き立てようとしたトップの意識③過去からの慣行
- 意識転換の失敗：日本的経営感覚と欧米型の制度設計，MOF頼りの伝統
- 内部調査報告書が示す実態：セカンドオピニオンの取れない監査，「倫理上好ましくないため，協会の規則で禁止」(協会)，一般論しか

言わぬ CPA
- 内部告発が示す取締役会の現状：それなりに善戦／弁護士・税理士・CPA が勢揃い⇔社内役員の紹介による就任／出身事務所への配慮
- 頼りは専門的職業人の矜持：渡辺隆司監査役（NCS 社外監査役＝04年6月～05年12月，NPI 社外監査役＝00年3月～05年7月，公認会計士）の活躍，04年11月8日監査連絡会「ものごとを実質的に考えると，どうもおかしい」（特別調査報告書での引用），河本教授の持論
- 遠心と求心のバランスの難しさ：「見直しのなかでの事件」→金子氏への私財提供請求・有村・山本・平野氏への31億円請求，元役員7人への業績連動報酬の一部返還請求（現金：04年度5300万円，05年度5340万円／オプション：04年度72個，05年度48個）
- 制度の命は「運用」のはず⇔「要はトップの腹一つ」の現実，倫理と制度の緊張関係

危機管理の視点

- 内部統制の重要さ（06年5月会社法施行＝362条4項6号，07年9月金融商品取引法施行＝24条の4の4第1項〈内部統制報告書〉，193条の2第2項〈内部統制監査報告書〉）「コンプライアンス違反や財務報告の不正確等のリスクを最小限に管理することにより，企業を維持発展させるためのもので，コンプライアンス体制を中心とするリスク管理体制を実現するための手続き，システム」⇔文書化パニックへの危惧
- ガバナンスとの連携：内部統制の限界「経営者が不当な目的の為に内部統制を無視ないし無効ならしめること」
- ガバナンスフォーラム新原則：株主とステークホルダーの調和
- 旧原則の意義（株主中心へ大きく振った主張，CalPERS が推奨）→商法改正・会社法導入へ
- 長期的視点と社外性の重視
- CSR や内部統制

利益相反の構図（MBO）

横浜市のコンプライアンス体制について

横浜市行政運営調整局　コンプライアンス推進室長
深 見 啓 司

◆コンプライアンス推進室設置の経緯

　本稿では，横浜市にコンプライアンス推進室が設けられた経緯について触れた上で，その組織がどのようなことに取り組んでいるのかを説明します。

　さて，横浜市にコンプライアンス推進室が設置されたのは，平成18年12月5日のことです。設置の契機となったのは，いくつかの不祥事でした。

　その始まりは，平成14年の横浜市長選挙でした。この選挙は現職と若手の対抗馬との争いでした。結果は現職が敗れ，若い新しい市長が誕生することとなりましたが，この市長選で，敗れた現職の在任当時の市長室の責任者が公職選挙法に違反していたことが発覚しました。責任者は，同法違反で起訴され，懲戒免職処分となりました。その後，有罪が確定しています。

　また，翌平成15年，幹部職員が入札等の契約事務を担当する契約部長の職

にあった前の年度に競売入札妨害事件に関与していたことが判明し，懲戒免職処分に付されるという事件が発生しました。（この事件では，市長に近いとされる市会議員が，入札内容を教えるようにこの幹部職員に強く求めたとされ，同議員は後に同じ事件で有罪が確定しました。）

さらに，このことが決定的な契機となったのですが，平成17年に，横浜市の港北区長が，町田市長選挙に出馬するために退職したことを受けて，同僚であった市の幹部職員が退職した元区長のために寄附金を募り，「送る会」を開催し，庁内でこの会への参加を募ってしまったのですが，このことが政治資金規正法違反に問われ，翌18年には，新聞紙上でも，議会でも大きく取り上げられることとなりました。最終的には，当時の市長室長が停職処分を受けたのをはじめとして，幹部職員88人が何らかの処分を受けるという事件に発展しました。（当時の市長室長は，その後，自ら責任をとり辞職しました。）

また，こうした事件と並行して，さまざまな職場で事務的なミスが続発していました。たとえば，戸籍の窓口で，Ａさんの戸籍を誤ってＢさんに渡してしまったとか，納税通知書の宛て先を間違えてしまったとか，公共工事などの発注に伴う積算に誤りがあった，というようなことです。

すなわち，一方において幹部職員が関わった不祥事が起こり，他方において市民と接する窓口の第一線でもミスが起きていたわけです。（ただし，こうした事務上の「軽微なミス」はこれまでも各職場で発生していたはずです。ことさら最近になって増加したのではなく，それを「軽微なミス」として片付けずに，市民の立場から見て問題だという指摘がなされたのだということだと考えます。）

このような情勢下，町田市長選にかかる政治資金規正法違反事件に対し，議会および市民から非常に強い批判が寄せられ，結果的に，市政に対する市民の信頼を大きく損なうことになりました。

こうした状況に対して，市側も拱手傍観していたわけではありません。職員自らが襟を正すために，平成18年4月に調査チームを設置し，本件の事実関係の調査に着手し，同年8月に報告書をまとめ，つづいて，再発防止検討委員会を発足させて，同年10月には「再発防止に向けた取組について」と題した報告書を提出しています。

この報告書の中で，①再発防止に取り組む前提として，コンプライアンス

の確立を市政運営の基本に据えること，②再発防止の取組のための体制を整備することが，明らかにされました。

◆横浜市のコンプライアンス体制

　横浜市のコンプライアンス推進体制についてですが，コンプライアンスを総合的かつ継続的に推進する責に任じる者として「総括コンプライアンス責任者」が置かれ，市長の指定する副市長が就任しています。また，横浜市は現在18の行政区と22の局がありますが（シンポジウム当時），それぞれの局区長が「コンプライアンス責任者」となり，日常的に発生する個別具体的なコンプライアンス上の問題に対処することとなっています。

　さらに，コンプライアンスの推進状況および制度の実施状況の点検，評価および総合調整を行うために，総括コンプライアンス責任者のもとに「コンプライアンス委員会」を置き，また外部の有識者から意見や助言をいただくために，「外部評価委員」を選任しています。現在，この外部評価委員には，弁護士，公認会計士，および消費者問題に長く携わってこられた方にお引き受けいただいています。そして，これらの事務局的な業務および調整業務に携わっているのが，コンプライアンス推進室です。

　次に，横浜市のコンプライアンスに関連する制度についてですが，第一に不正防止内部通報制度が挙げられます。通報件数が少なく，民間企業ほど内部通報が寄せられてはいないのですが，それでも通報の中には，実際に現場の不祥事を是正するきっかけとなったものもあります。具体例をあげますと，市営バスの運転手が料金箱からお金を抜き取って着服していたという事件がありました。この事件は，内部通報を受け調査を実施した結果，発覚し，対応したものです（通報件数が少ない点については，外部評価委員からも指摘を受けており，制度上の問題があるのか，他に問題があるのか——たとえば制度の不備など——など検討をしていますが，よくわからないという現状です。いわゆる組織風土のようなものがあるのかもしれません。）。

　第二に，「特定要望」の記録・公表という制度があげられます。上掲の平成15年に幹部職員が関与した競売入札妨害事件というのは，市会議員から圧

力を受けた市の幹部職員が入札予定価格を漏らしたという事件でしたが，この事件を契機に整備されたものです。

　この制度は，不正・不当な要求があった場合に，当該要求を記録に留め，これを公表する制度です。公表されることを憚るような不正・不当な要求を抑止するとともに，行政の毅然とした態度を示し，組織的に対応することを目的としています（なお，この「特定要望記録・公表制度」は，当初は，たんに「不正・不当な要求」だけを対象とするのではなく，「市政に対する提言」のようなものも対象として，市民からの「要望」全体を対象としようとしていましたが，一般的な広報・広聴制度との関係を整理する必要があったことなどから，「特定の要望」に限定して対処することとしました。）。

　このほかにも，内部監察という制度があります。それぞれの部局が所管業務について自主的に点検，調査および評価を行うものです。

　このような制度を整備しましたが，内部通報制度は通報件数が少なく，十分に活用されていないのではないかという指摘を受けています。また，特定要望の記録・公表制度および内部監察制度は，創設当初は用いられたようですが，近時はあまり活用されなくなってきています。

　これらの点については，さらに検証すべきところがあると考えます。庁内からは，こうした制度の存在そのものが，不正・不当な要求や，職員の不正行為などに対する抑止効果を持っているのではないか，という指摘もあります。

◆横浜市のコンプライアンスに対する所感

　私は，コンプライアンス推進室長に就任するまでは，どちらかというと第三者的な立場から横浜市の不祥事への対応を見ておりました。その中で気になったことは，幹部の様々な不祥事に対する一般の職員の見方・とらえ方です。一般職員には，組織として一体となって不祥事を乗り越え，リスクに対応しようという意識は見受けられず，幹部の犯罪はわれわれ一般の職員には関係がない，幹部連中の不祥事のために，なぜわれわれがコンプライアンスの推進を強いられなければならないのか，という雰囲気があったように感じ

ました。

　加えて，当初，コンプライアンスは，一般に「法令遵守」という言葉に置き換えられていたこともあって，「やらされ感」やネガティブな印象を組織全体に与えたように思います。

　もともと公務員は法律に基づき行政を執行するという建前があるのに，いまさら法令遵守もないだろうという空気が組織の中にあったのではないかと思います。

　また，上に触れた事務上の「軽微なミス」について，実際にミスをした職員に対してきびしい人事上の措置をとろうとしたために，そうした「やらされ感」のような感情が強くなったのではないかと思われます。しかし，他方で，外部評価委員の方などからは，職員にとっては，「軽微」ではあるかもしれないが，市民にとっては，必ずしもそうではなく，公務サービスに対する信頼感を損なう可能性をもっているということについて，組織的に「感度」が低い面があるのではないか，という指摘も受けています。

　こうしたところに，幹部職員と一般職員の意識のズレや，職場管理，仕事の管理にあたって，問題があるのではないかと考えられます。

　必ずしもコンプライアンスだけの課題ではないかもしれませんが，コンプライアンス推進上，つねに留意しておくべきところだと考えています。

◆まとめ

　「遵守」を強いて，些細なミスを犯せば，遵守違反として処分するのがコンプライアンスであるかのような方向に進むと，職員の意欲・モラールを低下させ，組織が委縮していきます。ミスだけを責めても仕方がありません。ミスを契機として，仕事のプロセスにおけるリスクを洗い出し，そのリスクに対応するため，事務処理体制そのものを再検討するとか，組織全体の効率性を点検することこそが重要であろうと考えています（この点は，コンプライアンスの推進体制を整備していくプロセスにおいても，積極的に取り組んだところで，今後も重要なテーマだと考えています。）。

　コンプライアンスを法令遵守ととらえ，法令さえ遵守していればよい，悪

いことをしなければいい，という消極的な取り組みにとどめず個々の職員や組織が，自己に求められている役割は何か，何をなすべきか，つねに考え，それを実行に移していける取り組みとすべく，組織全体を効率的に運営し，自治体に求められている責務を果たせるように，コンプライアンスの意義を見直していく必要があると考えています。

パネル報告

資料②

横浜市のコンプライアンスの取り組みについて

1．横浜市におけるコンプライアンスの取り組みの経緯
——横浜市における「コンプライアンス」の事始めについて説明します。もともと、行政は、まさに「法律に基づく行政」ですから、ことさらに法令遵守といわれるまでもなく、そういうものだと観念されていました。しかし……

・その発端①……政治資金規正法違反事件
・その発端②……多発する事務ミス

・政治資金規正法違反事件に係る「再発防止検討委員会」
・事務ミスに係る「再発防止対策プロジェクトチーム」

・総括コンプライアンス責任者の設置
・コンプライアンス推進室の設置

2．コンプライアンス体制
——横浜市のコンプライアンス体制と、そこで運用されている関連諸制度について、それらのあらましについて、説明します。

○横浜市のコンプライアンスの体制
・コンプライアンス委員会／外部評価委員会
・局区コンプライアンス推進委員会
・コンプライアンス推進室
——副市長のなかから市長が選任した総括コンプライアンス責任者のも

とに，局区長等からなるコンプライアンス委員会が設置され，市全体のコンプライアンス上の課題について検討，各局・区におけるコンプライアンスについての助言・指導を行うこととなっています。各局・区には，それぞれコンプライアンス推進委員会が設置されています。

○コンプライアンス関連制度等
――横浜市にコンプライアンス体制のもとで，じっさいに運用されている制度や仕組みなどについて，説明します。

・不正防止内部通報制度
・特定要望記録・公表制度
・内部監察制度
・行政対象暴力対策

以　上

企業内におけるコンプライアンス

立正大学法学部特任教授・弁護士
池 田 秀 雄

◆公益通報者保護法

　企業不祥事がどのようにして表に出てくるのかというと，大半が内部告発という形で出てきます。ただ，内部告発をするということは自分の会社を売り渡すわけですから，いろいろな報復に遭うこともあります。たとえば，昭和49年にある社員がトラック業界のカルテル行為を内部告発したところ，32年間も閑職に追いやられてしまいました（後掲資料③「企業内におけるコンプライアンス」参照）。裁判で争った結果，和解したのですが，この事件が契機となって，平成18年4月1日に公益通報者保護法が施行されることとなりました。この法律は，会社の不祥事を公開した人が，そのことによって会社から不利益処分を受けることはないということを明文化した法律です。公益通報者保護法は内部告発を奨励しているわけではありませんが，内部告発をした

ことによる不利益処分を受けることはないとすることで，内部告発者を保護しようとしています。内閣府が民間事業者向けのガイドラインも示しています。諸外国の状況を概観すると，同様の法律として，イギリスでは1998年に公益開示法（Public Interest Disclosure Act）が，アメリカでは1989年に内部告発者保護法（Whistleblower Protection Act）が施行されています。

　どのような通報の場合に公益通報者保護法によって保護されるのかというと，刑事罰を科される明確な法令違反行為，典型的には刑法違反の行為を通報したときにはそれによる不利益処分を受けないことになっています（後掲資料③「公益通報の対象」参照）。たとえば，社員が横領しているのを隣で見てしまったようなときは，明らかに横領罪に該当するので，これを告発したとしても告発者は解雇されたり不利益処分を受けたりすることはありません。しかしながら，公益通報者保護法によって保護されるケースというのは，406本の法律に規定されているケースに限定されています。このため，同法がすべてのケースをカバーしきれていないと批判されています。たとえば，船場吉兆の事例を挙げることができます。船場吉兆では，料理が使いまわされていたことが明るみになったわけですが，実は料理の使いまわし行為自体は何の法律にも違反していません。したがって，仮にある者が船場吉兆の料理の使いまわし行為を内部告発し，それによって当該内部告発者が不利益処分を受けた場合には，当該内部告発者は公益通報者保護法によって保護されないということになってしまいます。また，よくある話なのですが，パワハラ行為に関する問題です。パワハラ行為とは，上司が企業の上下関係を利用して罵詈雑言や物理的・精神的な打撃を部下に加えるという行為です。もちろん，場合によっては刑法の傷害罪が適用されることもありうるでしょうが，一般的に上司が部下に対して「何をやっているんだ。もう辞めてしまえ。」というような言動は，それ自体を取り締まる法規はありません。したがって，そのようなパワハラ行為を通報しても，公益通報者保護法の保護対象外であるように思われます。一方，セクハラについては，男女雇用機会均等法の報告義務・勧告の対象であり，これに違反した場合には最終的に刑罰も控えていますので，これを通報した場合には，公益通報者保護法の保護対象となります。しかし，パワハラの相談が最も多いというのが現状です。あらゆる法令

違反行為や倫理違反行為を適用対象としているわけではなく、刑罰で強制しなければならないような重大な法令違反行為に限られるという点に公益通報者保護法の課題が垣間見えます。

また、たまたま休日に同僚が違法行為をしているのを見てしまって、これを通報した場合には、これは保護の対象となりません。公益通報者保護法の保護範囲を少し限定しすぎているのではないかという批判も見られます（後掲資料③「通報の内容」参照）。

通報先は、第一義的には社内の上司やコンプライアンス委員会です（後掲資料③「通報先と保護要件」参照）。会社の自浄作用で解決することが期待されているわけです。確かに、社内に違法行為があればそれを排除し、しかも不利益処分は科さないという形で完結すれば、それが第一ではありますが、往々にして、会社というのは不祥事をもみ消そうとします。そこで、会社の上司などに通報しても会社が放置して何も対策をとらなかった場合には、行政機関に通報することができます。行政機関もなかなか動いてくれないというときには、最終手段として、マスコミ、労働組合、消費者団体などに対する通報が許容されるということになっています。したがって、まずは社内で解決することが法の建前です。そして、仮に会社の上司などに通報した場合に、そのことによって通報者が解雇されたり、派遣契約を解除されたり、降格減給されることは法により一切禁止されています。この限りにおいて、通報者は保護されているということがいえるでしょう（後掲資料③「公益通報者の保護」参照）。

◆通報者の保護

以上のように、法律上、通報者は保護されているのですが、実際には、匿名での通報が多いです（後掲資料③「匿名通報への対応は？」参照）。通報者は、通報すると、会社から何らかの不利益処分を受けるのではないかと恐れているのです。ところが、匿名の通報の場合、会社としても対応できません。たとえば、「○○支店の支店長がパワハラ行為をやっている」との匿名の通報を受けても、会社としては、せいぜい一般的な管理職向けのセミナーを開い

て「言葉遣いには気をつけましょう」と勧告することくらいしかできません。したがって、本当にパワハラ行為を止めさせるためには、通報者も氏名を明らかにしなければなりません。氏名を明かすといっても、弁護士等の会社の外部者のホットラインにのみ氏名を明らかにすれば十分です。社外の者にだけ実名を伝え、会社には秘密にしておいてもらうわけです。こうすれば、ある程度会社も緊張感をもって対応することが可能になるでしょう。また、公益通報者保護法では、通報があった場合、会社は必ず調査をし、その結果を通報者に報告しなければならないことが定められています。匿名での通報では、このフィードバックすらもできなくなります。

なお、匿名での通報については、コンプライアンスの観点からは、匿名であっても、会社としてはその全てに誠実に対応し、未然に訴訟リスクを排除しておくほうが、会社にとっては最終的に利益となるのではないか、との見解も見られます。

◆まとめ

私が社外ホットライン弁護士を務めるある上場会社では、社内規定として内部通報規定を定めています。同規定は、公益通報者保護法の規定の主旨にのっとり、法令等違反行為及びコンプライアンスマニュアル等の社内規定に反する行為を早期に発見、是正することによる社内の自浄作用機能を高めるとともにこれに寄与した従業員等の保護を合わせ図ることを目的としています。通報対象行為は、法令違反行為、社内規定違反行為、その疑義のある行為、放置すれば当社の財産上の利益や、信用、顧客、役職員の生命、身体、財産上の利益、信用を損なうと思料される行為となっております。現実には、ほとんどがパワハラ行為に関する相談ですが、私は、パワハラ行為の案件もすべて人事部に報告し、会社も何らかの対応をしています。したがって、社内の内部通報制度は決して無駄な制度ではありません。ただし、会社は、通報者が単に愚痴をこぼしているのに過ぎないのか、最終的に裁判も辞さない覚悟で内部通報しているのかという点を、慎重に見極めようとしているようです。

パネル報告

資料③

企業内におけるコンプライアンス

- 企業不祥事（食品偽装問題や自動車のリコール隠し事件等）
  ⇒内部告発による発覚
- 1974年にトラック業界のカルテル行為を内部告発した某運輸会社の元職員（2006年9月20日に会社を退職）が，当該運輸会社から恨まれ，32年間も閑職しか与えられなかった実例
- 公益通報者保護法の制定（2006.4.1施行）
  公益通報をしたことを理由とする公益通報者の解雇の無効等並びに公益通報に関し，事業者及び行政機関がとるべき措置を定めることにより，公益通報者の保護等を図る（1条）
- 諸外国の例
  英国　1998年　公益開示法（Public Interest Disclosure Act）
  米国　1989年　内部告発者保護法（Whistleblower Protection Act）
- 内閣府による民間事業者向けガイドライン

公益通報者保護法

- 公益通報の対象（2条）
  ①　個人の生命又は身体の保護，消費者の利益の擁護，環境の保全，公正な競争の確保その他の国民の生命，身体，財産その他の利益の保護にかかわる法律として別表に掲げるもの（これらの法律に基づく命令を含む。）に規定する罪の犯罪行為の事実
  （別表）　刑法，食品衛生法，金融商品取引法，特定商取引法，割賦販売法，JAS法，大気汚染防止法，廃棄物処理法，独占禁止法，景表法，不正競争防止法，下請代金支払確保法，個人情報保護法，その他政令で定めた406本の法律
  ②　別表に掲げる法律の規定に基づく処分に違反することが①の事実

なる場合における当該処分の理由とされている事実等
　→　別表の法律に定める届出義務，勧告，命令に違反する行為に対し，刑罰が規定されている場合の当該違反行為も通報の対象

※つまり，あらゆる法令違反行為や，あらゆる倫理違反行為が適用対象となっているわけではなく，刑罰で強制しなければならないような重大な法令違反行為に限られる。

・通報の内容（2条）
　労働者（正社員・派遣労働者・アルバイト・パートタイマーのほか公務員も含む）が，その労務提供先事業者の事業に従事する場合における，当該事業者の役員・従業員・代理人その他の者が行った（まさに行おうとしている）通報対象行為
　→　休日に，たまたま会社の同僚の窃盗行為を目撃した場合は本法の適用なし

・通報先と保護要件（3条）
通報先に応じて要件を加重
① 労務提供先事業者内部（雇用主・派遣先・取引先事業者・社外ホットラインを設置した弁護士）への通報
② 行政機関（当該法令毎の通報先＝所管官庁）への通報
③ 事業者外部（マスコミ・消費者団体・労働組合等）への通報

・公益通報者の保護（4条・5条）
公益通報をした労働者を以下のように保護
① 公益通報をしたことを理由とする解雇の無効
② 労働者派遣契約の解除の無効
③ その他の不利益な取扱い（降格，減給，派遣労働者の交代を求めること等）の禁止

・匿名通報への対応は？
　　匿名の通報については十分な調査ができず，通報者へのフィードバックも困難であることから，実名に基づく通報と同様の処理を行うことは難しい。他方，匿名の通報であっても，法令遵守のために有益な通報が寄せられることも考えられ，法令遵守の徹底の観点からは望ましい。

第3章
パネル・ディスカッション

◎コーディネーター
　川内克忠氏（立正大学法学部特任教授）
◎パネリスト
　奥島孝康氏（早稲田大学法務研究科教授）
　荻野博司氏（朝日新聞社記者）
　深見啓司氏（横浜市行政運営調整局コンプライアンス推進室長）
◎コメンテーター
　池田秀雄氏（立正大学法学部特任教授・弁護士）
　山口道昭氏（立正大学法学部教授・立正大学法制研究所所長）

＊＊＊

◆問題提起

山口氏： 　私の研究対象は，企業ではなく行政です。このような立場から，企業法と行政法とのコラボレーションを行いたいと思います。そこで，まず，企業を専門としていらっしゃる先生方にご質問をさせて頂きます。
　まず奥島先生にお聞きしたいのですが，会社の場合，コンプライアンスを損なうような行為が続き，それらが発覚したとき，会社が潰れる，会社が持続できなくなるといった問題があります。そうならないために法的なコンプライアンスが必要だという論理展開になると思います。一方，私が専門としている自治体を考えますと，自治体は倒産することがありません。むしろ，それだけではなく，倒産したくともできない仕組みがありまして，嫌でも持続するのです。たとえば，夕張市役所は財政再建団体ということで，民間であれば破産状態になったわけですが，つぶれることができない

ので，税や各種料金は日本で一番高くする一方で，行政サービスは日本で一番低くするといった計画を北海道に提出しました。この計画は，最終的に総務省に認められています。つぶれない，つぶすことができない行政組織を，つぶれてしまう企業から見たときにどう映るのかといった点について，コメントをいただければと思っております。

　二つ目の質問は，荻野さんにお答えをお願いします。荻野さんは多くの企業を観察していらっしゃったと思いますが，企業の本質をどう考えるべきでしょうか。私は，企業は最終的に金儲けを目指して活動しており，そのための人の集まりであろうと考えています。そうしますと，万人の万人に対する闘争ではないのですが，企業間で喧嘩になってしまうおそれがありますので，一定のルールが必要になってまいります。それらのルールが，基本的には法律であろうと思うのです。しかし，法律は個別具体的な事柄を定めるのではなくて，抽象的な規定に留まっておりますので，そこに一定の法解釈が必要になると考えます。そうしますと，それらの法解釈の中で，企業は法律の抜け穴を探ろうという方向に動くのではないかと考えられます。このような行動を取り締まるためには，行政が規制をきめ細かく定めるという方法もあるのですが，昨今は規制緩和が大きな流れです。したがって，理論的には，規制の穴を補うためには企業が法的コンプライア

ンスを高めていけばよいと思いますが，規制が緩む中で，企業にこのような行動を実際に期待できるのでしょうか。期待できるとした場合には，企業のインセンティブは何なのでしょうか。多くの企業を観察してこられたお立場から教えて頂ければありがたいと思います。

最後に深見さんにお聞きしたいのですが，冒頭に，「企業はつぶれ，自治体はつぶれない」と言いました。また，次のことはよいことかどうかはさておくとして，公務員の場合は，仕事を一生懸命やってもやらなくてもそれほど給料に大きな差が出ない。少なくとも企業よりも差がつかないと思うのです。そうしますと，企業のように金儲けのために法の抜け穴を探すといったインセンティブはないと思うのですが，ご紹介いただいたように，幹部公務員の不祥事が続発しました。これはどうしてなのでしょうか。金銭的な欲望が原因でないとすれば，権力的な欲望が動機なのでしょうか。しかし，窓口事務での不祥事は，権力欲に伴うものではないと思います。そうであれば，不祥事の原因は何なのでしょうか。もしかしたら，忙しくて気が回らなかったのか，それとも何らかの形でやる気がなくなってしまったのだろうか，さらに言えば官官接待という昔流行った言葉がありましたが，国と地方を繋ぐ悪しきシステムがあったから不祥事が起きたのでしょうか。コンプライアンス室長という立場から，ある程度，不祥事の対象や類型ごとの取り組みをしているのかどうかなどという点についてお聞きしたいと思います。

川内氏：　まず，奥島先生から先ほどの企業法と行政法とのコラボレーションの立場から見て，自治体と異なり，企業は倒産するからコンプライアンスをやるのではないかという点についてコメントをお願いします

◆つぶれる会社とつぶれない自治体

奥島氏：　質問の趣旨は，つぶれることのない自治体を，企業法の立場からどう考えるのかということですね。みなさん，お金がなかったら自己破産ができるということはご存知ですね。ただ覚えておいてほしいのですが，自己破産するのにも50万から60万円くらいは必要です。つまり世の中，お

金がなければ破産もできないということなのです。
　企業の場合には債務が超過し，支払い能力がなくなったとき，企業は破産してゼロからまた考え直すことができます。自治体はどうか。自治体の場合は，そこに人がいるわけですから，企業のようにはいきません。また，自治体が簡単に自己破産できるなんてやっておりましたら，思いっきり借金して破産させればいいわけですが，もちろん，そんなばかなことはできません。したがって，私法的な考え方をしますと，自治体は，会社更生法のような更生手続きをとるということで対応していかざるをえないでしょう。もちろん更生法が適用されますと，そこで働いている人たちの給料はものすごく引き下げられます。債権者は債権を非常に圧縮されます。住民は行政サービスを思い切り低下させられます。すなわち三方一両損という形のやり方を考えていくほかないのではないかと考えます。以上です。

川内氏：　どうもありがとうございました。奥島先生の話を敷衍しますと，自治体の場合には，財政健全化法に基づいて，健全化判断比率が一定の基準を超えると，財政再建計画を策定し，議会の承認を受ける必要があります。この場合，地方債の起債は制限されることになります。
　続いて荻野さん，山口先生からの先ほどの質問についてコメントをお願いします。

◆企業の本質

荻野氏：　企業の本質については，本当に様々な考え方があると思います。レジュメの1ページ（本書12頁参照）に「会社は誰のために」と書きましたが，まさに企業の本質に関わる問題です。会社は利益を上げなければならず，お金が回らなくなったらアウトというわけです。しかし，会社は，株主，従業員，経営者，債権者，地域社会といったものを合成した社会的存在であり，最終的に求められているのは社会的な価値を生み出すことではないかと考えます。会社がもつ自然人にはない様々な有利な部分を考えたとき，社会的価値を上げていくことが重要です。ただその基準をどう評価するかとなると，やはり一番わかりやすいのは利益が出ているかというこ

とです。だから利益を出すことは，目標ではないが，結果として表れる能力の高さの指標ということにはなるかなと思います。

　ただし，利益を上げるためにずる賢いことをさせない仕組みも一方では必要です。アメリカのように刑務所，牢獄の恐怖を用意し，企業の不祥事に対処しようという方法もあります。社会的規範を非常に重んじさせる中で結果を出していくという方法もあります。あるいは市場を通じて規律するという方法もあります。たとえば先ほどの日興のように，市場のルールを守らなければ，東京証券取引所という一流企業の集まりから脱退させる。村八分のようではありますが，こういう方法もあるのかなと思います。法的なコンプライアンスを高めるインセンティブは一筋縄ではいきません。情報の開示というものもひとつの方法でしょう。もちろんアメリカのようにルールを守らなければすぐ刑務所へというのも必ずしもすべて否定はしませんが，それだけでは法律に書いていないことを巧妙にやっていくということにもなりかねない。そうした意味からは，取引所のような所が一定の機能を果たすというのもあるべき一つの方法かなと思います。

　また，会社の社会性が認められなくなると会社そのものが存亡の危機に陥ります。たとえば，消費者金融は，かつてグレーゾーン金利としてかなり法外な利息をとっていました。ところが，今は，過払い金の返還のために明日をも知れぬ状況となってきています。

　以上のように，ガバナンスとは，どのように多くの利害関係者に適正に利潤と危険を配分するかを決める仕組みであると私たちは考えます。私たちというのは，ガバナンスを一緒に学んでいる者たちの集まりです。ただ一つ確認しなければいけないのですが，基本的に私は「人本主義」をとりません。日本の会社において従業員というのは極めて重要ですが，やはり株式会社制度の根っこにあるのは株主です。ですから株主に説明のつく運営をするというのが基本ルールだと思います。村上ファンドのような集団を排除するために人本主義が必要ではないかという問いには，私は「必要でない」と答えています。でも一方で従業員を大切にしなければ価値を生み出さないというのも確かです。株主と同時に従業員をどうやって大切にするかということは，経営の基本問題です。

最後に抜け道という点で私が非常に気になっていることを述べます。企業経営における「法令遵守」といったときの「法令」の中に労働法が入っていないのではないかということを非常に強く感じます。労働法というのは極めて重要な社会法であります。労働法は社会の公正を保つための法律ですが、どうもこれが他の法律に比べて、ことさらに軽んじられているのではないでしょうか。以前は独占禁止法がそうでした。私が駆け出しの頃は、独禁法違反の摘発を受けることは単に運が悪かったといわんばかりでした。証券取引法もそうでした。総会屋に金を渡しても何の違反もなかったですし、内部者取引（インサイダー取引）の疑いのある市場参加者は「早耳筋」と呼ばれていました。今考えれば手が後ろに回るような話ばかりです。社会の仕組みも変わっていますが、法律の中にはまだ軽重があるように思います。特に労働法制においては、「会社がつぶれたらしかたないではないか」ということで、従業員を軽んじているところがないだろうかと、自分の勤めている会社を含めて、足元をもう一度見直さなければいけないと自戒しているところです。ご質問の企業の本質論には答えられませんが、そうしたことを考えながらさらに研鑽していきたいと思っております。

川内氏： ありがとうございました。レジュメ（本書12頁参照）にある「会社は誰のために」ということを今お話しいただいたのですが、特にこのコーポレート・ガバナンスの定義は「日本コーポレート・ガバナンス・フォーラム」の定義ですか？

荻野氏： 私が今までの15年間の活動の中で取りまとめたものです。あまりにも広くなりすぎている気もしますが。

川内氏： はい。わかりました。私も荻野さんの定義には同感です。特に、「法令遵守」といったときに企業は労働法を法令に入れていないのではないかというご指摘には、確かに賛同しますよね。それでは続いて深見さんに、先ほど山口先生が述べられた、企業よりも公務員の場合は法令を守らなくても報酬に差がつかないため、法令遵守のインセンティブがないのではないか、それでは、不祥事の原因は権力的欲望なのかという、かなり厳しい質問ですが、お答え願います。

◆公務員のコンプライアンス

深見氏： 答えにくいご質問ですね（笑）。ただ，最初のご指摘にある給料に差がつかないという点ですが，実は結構差がついています。自治体によって少し違うのでどこでもそうだとは言いませんが，横浜は昇任にあたって試験制度がありまして，基本的に試験に受からなければ管理職になれません。一時騒がれた「わたり」（実際の職務の内容の当てはまる給料表の級よりも上位の級の給与を支給すること――本市の場合，一般職員のままで一定の年齢，勤続年数で係長級の給与を支給していた）という制度がありましたが，今は事実上「わたり」もなくなっていますので，退職のときに管理職と職員が同じ給料ということはないと思います。ご質問の趣旨は，実際問題として，たとえば局長の中でも，すごく貢献している人と後ろ向きの人がいたときにどうなのかということであると思います。制度・仕組みの上では，相当な差がつくようになっています。それでは，差をつけるようになったのでみんなが頑張るようになったのかというと，多少制度設計に携わっていた者として申しあげると，必ずしもそうとは言い切れないところがあります。差をつけるといっても，片や2000万円出して，片や500万円しか出さないというわけにはいかないので，年収ベースで年収の1割から2割程度の差に留まっていると思いますけれども，そのくらいの差で果たしてインセンティブになっているのか，私にはよくわからないところがあります。結果だけ見ていると，それでみんなが馬車馬のように働くようになったとは見えません（笑）。もちろん，仕事を一所懸命にやっていない，ということではありません。報酬だけではなく，仕事そのものの重要性やその仕事を遂行するなかでの使命感，どういう役割を担っているのか，といったことが，大きなインセンティブになっているのではないでしょうか。自治体でも，成果主義的な人事制度とか，目標による管理だと内外からいわれてきました。それらが無効だというわけではありませんが，やはり金銭的なインセンティブだけでほんとうに公務サービスが提供できるのかというと，違うのかもしれないと思っています。

それから，自治体はつぶれません。法律もそのように定めているわけです。つぶれはしないけれど，非常に厳しい状況になっている場合はあります。横浜市の場合，幸いにというべきか，市役所自体が再建団体となったことはありませんが，公営事業などでは非常に厳しい時代があったわけです。また，たとえば病院の経営をやっていた人たちの中には，実際に病院の金庫にお金がなくなってコピー用紙も買えなくなるということがあったと聞いています。最近でも，横浜市が直接経営している病院は2つあるのですが，いろいろな事情から片方はあまりお客さんが入らない病院です。したがって，収益もあまり上がりません。その病院にお金がないときはもう一つの病院の金庫からお金を借りているという実情であったと思います。これがさらに進んでいくとどうなっていくのかというのが，先ほど奥島先生が指摘していたところに繋がっていく可能性があると思っています。
　そのなかで，職員がなぜ不祥事をおこすのかというのは私にもよくわからないです。よくあるのは，職場に対する不満，上司に対する不満がひとつの引き金になっているケースではないか，という気がしています。私自身が実際に関わった事件で，自分の上司がちっとも面倒を見てくれないということから，事件に発展していったということがありました。ただ，たいへん申しあげにくいことではあるのですが，横浜市の場合，いつも大体定期的にというか，ある程度の期間をとれば，そのなかで「事件」は起こっていて，それに対してコンプライアンスの所管部門としてできることは，その余波があまり広がらないように手を打つことまでであり，予防するところまではなかなか及んでいないのが正直なところです。
　さきほど，最後にお話をした窓口でいろんなミスが起こっているということですが，今現在，新聞紙上に書かれていますけれども，国庫補助金をめぐる不正経理事件が生じたりすることについてですが，その原因として考えられることは，第一に同じ実務を長くやっていると大体前例を踏襲するだけで，それ以上は考えなくなってしまうということであり，第二に，それゆえにもともとの根拠を自分で確かめなくなることが挙げられます。たとえば，自動車の運転になぞらえてみると，いつも通っているいつもの道路に慣れてくると，なぜここで自動車のブレーキを踏むのかなんていち

いち考えないで，いつもの見慣れた信号機が近づくとちゃんとブレーキを踏んでいたりするわけです。しかし，道路の状況が変わって信号機の場所が変わってしまうこともあるかもしれない。時差式の信号に変わっているかもしれない。そういう「状況が変わっているかもしれない」ということをあまり気にせずに，ただ習慣化したことを繰り返している可能性が非常に多い——したがって，変わっているときには，非常に危険な事態に陥る——ということが原因と思われます。第三に，そもそも制度の側に欠陥がある可能性があることが考えられます。調達問題などでいろいろ不正問題が起きますけれども，ひょっとすると公共調達を縛っている法律自体があまりにも古すぎて，建前だけの世界になっている可能性があるということです。たとえば，私どもが物品を調達するときには，「見積もり合わせ」と称して2, 3社から見積もりをとって，その中から一番安いものを選びます。しかし，いつも同じような業者さんに見積もりをとってもらっていると，仲間内でやっているようなことになります。だったら「価格.com」などで，適正な価格を調べれば済む話ではないのか。しかし制度がそういうことを求めていないのです。制度上は見積もりをとって，その中で安いものにしなさいと定められている。ところが，その制度に従って，見積もり合わせをやっていると，結果的に高いものを使うことになることが少なくない。そのことを職員は知らないのかというと，そんなことはないのです。職員は実際そのことについてよく知っていて，変えてほしいという要望を出すらしいのですが，それを上司が認めない。上司がなぜ認めないのかというと，法律制度や旧来からの慣例を理由に，「そんなものは認められていないから」と対応するからです。

　最後の問題は，以上のような事情の有無にかかわらず，それでもなぜ不祥事は起こるのかということですが，あまり結論らしい結論はありません。職員が意図して不祥事を起こすということはほとんどないのではないかと思います。100パーセントないとは言い切れませんが，それでも不祥事は起きている。それでも不祥事が起こる職場というのはあまり「いい職場」ではないことが多いと言えるのではないかと思います。「いい職場」でない職場とはどういう職場かというと，結局のところ職場の人間関係がうま

くいっていない職場だ，というところに行きつきそうです。このことに今，非常に困っているわけです。もしコンプライアンスを推進しようとすると，一番上の人の問題もあるし，一番下の人の問題もある。結局，職場の全体にわたって，すこしずつ改善の手をつけていかざるを得ないだろうなという状況でございます。

　それから，自治体の組織が，外部の環境変化になかなか対応できないで，対応が遅れてしまいがちだというようなこともあるように思います。そのことが，個々の職場にさまざまな圧力となっていて，その中で，職場の規律や人間関係にひずみをもたらしていないか，今後の重要な検討課題かと思っています。

川内氏：　ありがとうございました。自治体の職員がなぜ不祥事をおこすのか，理由は簡単には出ないようです。それでは，まだお時間がございますので，討論を別の面からやっていきたいと思います。奥島先生のレジュメ（本書8頁参照）では，地球社会のサステナブル・ディベロップメント，つまり持続的発展を考える上で必要不可欠な会社の経営のあり方というものをコーポレート・ガバナンスとCSRすなわち企業の社会的責任という2つの側面から考える必要があるということを指摘されています。ISO26000の実現やソフト・ローについても少しお話されました。これらについての補足をお願いします。

◆ISO26000とCSR

奥島氏：　ISOというのはご存じでしょうか。ISO（International Organization for Standardization）とはスイスの民法に基づいてスイス国内に作られた公益法人であります。しかし実質的には，国連の機関と考えてもらって結構です。ここでいろいろなマネージメントという規格をつくっておりますが，みなさんが一番ご存じなのは，ISO14000でしょう。ISO14000というのは環境マネジメント基準であります。環境マネジメント基準とは，そこで決められている一定の基準を満たして企業が行動しなければいけないという

ことであります。今ではたくさんの大学が取り入れていますけれども，大規模大学としては早稲田が最初に取り入れました。また，たとえば有名な話として，ソニーはISO14000を取得していない会社は出入り業者として認めないこととしました。このように海外で，ISOは使われているわけです。簡単に言いますと，いずれ市町村のいろんな仕事の競争的な入札においても，たとえばISO14000を取っていないところには入札資格がない，あるいはISO14000を取っていなければこのような事業に応募する資格がないというようになるかもしれません。つまり，国連から認められないことは，企業にとって大きなダメージとなりうるわけです。他にも，ISO9000というのがあります。これは品質マネジメント基準であります。ISO26000は経営のマネジメント基準でありますが，基準としては今のところ全世界的に同意が得られるような状況にないものですから，これを規格ではなくガイドラインとして，つまり非常に緩やかな形で，とにかくこの世の中に存在するあらゆる組織の対応はISO26000で定めた行動基準に基づくことが望ましいとして，今作られようとしているわけです。先ほど申し上げましたように，国連のグローバル・コンパクトで言うように，人権問題，労働問題，環境問題そして政治的腐敗問題，この4つの問題について全部で10の原則を作っているわけですけれども，そういうものがISOの基本的な内容となっているわけであります。来年の暮れぐらいにISO26000ができますと，それに加入していこうという企業が少しずつ増えてくるはずであります。しかし，国連のグローバル・コンパクトの場合には世界で2000社ぐらいが加入しておりますけれども，日本は50数社です。しかも，その50数社の中にはなんとライブドアが入っていたというぐらいであります。日本ではグローバル・コンパクトという形で，自分たちはこういう行動をしますということを国連に申告する企業すらそう簡単には出てこない。まして，ISO26000は企業にとって大きな負担であるということは最初から予想されています。しかし，歴史はおそらく国連の主導する方向に進むでしょう。国連で同意された方向ですから，各国ともそれぞれの国情でいろんな問題を抱えており違いはありますが，大きく言えばその方向に進まざるを得ない。国連ができたことによって，世の中のいろんな不正あるいは

腐敗が社会的糾弾を受けることになった。そして，目に余る問題が少しずつ見えなくなってきている。見えなくなってきているというのは，なくなったということと地下に潜ったという両方を意味しますので，そのあたりを見極めないといきませんけれど，そういう方向が出てきている。これが少しずつ進んでいるのは間違いありません。とすれば，いずれ企業経営においても，たとえば女性差別問題を含む様々な人権問題や環境問題に取り組むことになるでしょう。それでは，たとえば企業は環境問題にどれくらい取り組まなければいけないのか。取り組むということは，企業にとっては一種の社会サービスを行うことになります。今までみたいに，神社仏閣のお祭りのときに少しお賽銭を出すということでは済みません。したがって，企業が環境問題などの解決に，グッド・シティズンとしてどの程度参加できるのかどうかというのはまだ見通しがつくわけではありません。しかし社会的に通用するような信頼性のある企業が，企業としての見識あるいはメッセージをどう維持するのかということを考えるとそういうものに参加せざるを得ない。ISO26000が成立した後どうなるかということについて，私は大変大きな期待を抱いています。さらに，それを定着させるために私たちはどのように対応していくべきなのかということを見守っているわけであります。ISO9000とかISO14000は，比較的無難に世の中に定着していっておりますけれども，このISO26000が世の中でどのように定着していくかは今後の国連の活動，あるいは世の中のCSRの方向性，あるいはCSRの定着過程というものに非常に大きな影響を及ぼすとみており，CSRの問題を占う上でも，私たちは注目していかなければいけないと思っております。

川内氏： ありがとうございました。ISO26000が，わが国の企業のCSRのあり方にも大きなインパクトを与えるのではないかという新しい視点を提供していただきました。会場に配布資料として，「社会的責任の国際規格と会社法」という奥島先生の提言がございますが，後から参考に見て頂きたいと思います。どうもありがとうございました。

その他，荻野さんは日興コーディアルグループの事例を御紹介いただきましたけれども，特にこの資料（本書12頁以下参照）を見ますと，日興コーディアルグループの改革は，経営諮問委員会の設置とか内部通報制度の創設とかディスクロージャーの拡充とか内部統制システムの強化とかいいことばかり並んでいるわけですね。それで結論はあのような不祥事という形だということで，荻野さんがおっしゃった制度と実態にはまったく気の遠くなるほど距離があるというか，乖離しているということだと思うのですが，このへんについてガバナンスの立場から補足説明ございましたらお願いします。

◆日興コーディアルグループとコーポレート・ガバナンス

荻野氏： 　資料の中でぜひとも読んで頂きたいものをひとつ挙げるならば，委員会設置会社への転換です（本書16頁参照）。これは，社外取締役を中心に経営をチェックさせようというもので，理念も非常にいいですし，私も社説の執筆，あるいは奥島理事長の下で始めた産学協同の研究組織「日本ガバナンス・フォーラム」の活動を通じて「ぜひともこれを導入してほしい」と何度も言ってきました。公私ともにこれだと思っているのですが，実は日本に100社とありません。その多くは子会社にこの制度を入れてい

るだけです。日興というのはその中でも優等生でした。いち早く委員会設置会社に転じて監査委員会を設置し，社外取締役が中心となって運営するという非常にいい制度をとっています。第三者委員会のような感じです。しかし，理想と現実はかけ離れていたと言うほかありません。

　監査委員への報酬は非常に弾んでいるわけでして，社内は2800万円，社外は2000万円，かつこれを最長5期まで約束する。2000×5というと1億円という約束をもらうわけですね。これをそれぞれがどう考えるかが問題となりますね。弁護士などそれぞれの分野における専門家にお願いしていますから，これをあながち法外だと決めつけることはしませんが，それにしてもこの2000万円をどう考えたらいいのだろうか。「拘束時間は長いし，責任も重い」と実際に社外取締役をやってらっしゃる方は言われます。とはいえ5年間で合わせて1億円のお約束をしたときに，「職を賭して反対する」ということが本当にできるのでしょうか。自分に問いかけたなら，「さぁ自信はないな」というのが率直なところであります。それでは安ければいいか。300万円で人材がとれるのかという問題が一方であります。大変難しいのですが，将来的には，たとえば今の国家公務員を含む退職公務員の天下りは認められなくなる方向です。こういう方は自分の役所の利害にはかなり敏感ですけれども，公という精神は非常に強く持ってらっしゃる人が多い。ならば，こうした方々に適正な対価でお願いしてはどうだろうか，というのがひとつの解決策です。

　それから，監査体制の骨抜きの問題があります。旧来型の監査体制を担っている監査役は，暇でお茶飲んでいるから監茶役とか閑散役とか残念賞とか言われていました。しかし，監査役の権限をどんどん強めてきました。経団連加盟の大企業のほとんどは，今の監査役制度こそ素晴らしいとやっているわけですよ。わけのわからない社外の人間が来るよりはというのもあるのですが。その主張に乗っかって政府も監査役の任期を4年間に延ばしました。一方で社外取締役は，毎年総会で選ばれなければならない。ただ，実質的にはトップが社外取締役の候補者のリストを出すわけです。日興の場合は，この端境期にうるさ型の社内監査役が当然ながら監査担当の取締役に変わりました。その方に「あなたは1年でクビになりますよ」と

申し上げたら，その通り1年で退任を求められました。監査役であれば，ご本人は4年間しがみつく気だったと思うのですが，1年間で「御役御免。お疲れさまでした」となりました。これをどう考えるのか。先ほど，要はトップの腹ひとつであると，詮無いことを申し上げました。理念的には総会で1年ごとに選ぶ方がよほど株主のチェックが利くはずですが，実際には総会で人事が否定されるというのは非常にまれですし，そもそも候補として挙げられなければそこまでになってしまう。日興のデータを見ると，川内先生がおっしゃった通り，理想的な制度をなんでもかんでも入れたように映ります。ですから大変見事な電飾で飾られたビルのようなもので，ピカピカして眩しいぐらいでしたが，肝心の足元が暗いのでは，どうにもならなかったのだろうと考えます。

　この会社のトップも結局は社外取締役を入れることで，経営の自由度を増した。つまり，今までに比べると非常に簡略化した小さな取締役会で対応も早くなるというメリットを享受しました。一方で判子を押してもらい，お墨付きをもらうことだけを狙って社外の人を入れた。社外取締役に大物を並べれば並べるほど，監査が骨抜きになってしまい，とめどもなく事態が進んでしまうおそれがあります。

　それでは，何が最後の歯止めになるかというと，トップの腹ひとつということと同時に，もうひとつは委員になった方それぞれのプライドというか，「専門的職業人としてこれ以上やると社会に顔向けできない」ということではないかなと思います。日興の場合も，最後に頑張ったのは公認会計士や税理士の方でありました。レジュメの「防げなかった不正」という中に（本書18‐19頁参照），頼りは専門的職業人の矜持であると記してあります。法律的なことを書いたつもりでしたが，最後はフィロソフィー的なものなのかもしれません。

　それから，意識転換が遅れていたと思います。日本的な経営感覚という木に欧米型の制度設計という竹を繋ぎ，財務省，昔の大蔵省，今は金融庁でもいいかもしれませんが，最後はお役所が接着剤となり，けりをつける。この結果，ライバルの大和証券に離されるといったことの焦り，問題になった孫会社NPIのトップを引き立てようとした首脳陣，さらに過去から

の陋習，こうしたもので行くところまで行ってしまったわけです。繰り返しますが，日興はつぶれたわけではありません。ただ会社としての独立性を失わざるを得なかった。日興は，シティコープという外資の軍門に降り，そのシティコープも手放して，住友銀行のもとにというさまよえる会社になったという非常に残念な話であります。山一に至っては論外でありますが，こうしたものを見ていると，それぞれの企業が持つ倫理性というのが非常に重要だなという気がしています。

川内氏：どうもありがとうございました。社外取締役のトップからの独立性というむつかしいテーマについて，公という精神を非常に強く持っている退職公務員を適正な対価でお願いするという発想，日興の場合，最後に頑張ったのは税理士，公認会計士の社外取締役であったという指摘は，象徴的であると思います。それでは大体予定時間が過ぎましたので，会場の方から今日のパネリストの方々に質問がありましたらどうぞ。

◆フロアからの質問①──「アメリカの犠牲者」について

質問者：　奥島先生のお話の中で，アメリカン・モデルの犠牲者というお話がありましたが，法の網を潜れば企業は何をやっても許される世の中にな

っていると感じます。市民からすればコンプライアンスは絵に描いた餅であり，法令遵守というものが疑問に思えてしようがないです。奥島先生はこれについてどう思われますか。

奥島氏： 日本のこの20年間の歩みというのは，何の準備もなしにアメリカン・モデルに走ったというふうに思っているんですね。そこで私が思うことのひとつは行政指導です。行政指導が厳しいときは行政官庁もその責任を感じて問題について親身に協力してくれたかもしれない。また，そういう方向で指導もできるということがありえたと思います。ところが，現在は司法国家といわれ，官庁も責任を負うのは嫌ですし，書面にしなければいけないので行政指導をなかなかやりません。つまり市民はいきなり突き放されたのであります。あと頼るものとしたら裁判所しかないわけです。裁判所に頼るときに，どういう形で対処できるかということは，はっきり言って弁護士の手腕の問題になってくると思います。日本の弁護士さんはこのような時間のかかる事態に対してじっくり構えて対応していかなければいけないが，新しい問題に対応する訓練を受けている人たちは極めて少ない。いらっしゃるけれど，身の回りには極めて少ない。しかし問題に慣れてくると，こういう問題が起きた時にどういう人たちに頼んで，どう組んでやっていけばいいかがわかってくると思います。したがって，法社会における法を知らない不幸，それから法社会における戦い方を知らない不幸というのが重なってきているのではないでしょうか。

◆フロアからの質問②──企業側の負担について

質問者： 今，企業は儲からない一方で，コンプライアンスやISOなどの制約が課せられ，企業の負担が大きい。スウェーデンのように，社会保障などはすべて国がやり，賃金についてはすべて企業が責任を負うんだという制度を採り入れられないかと考えているのですが。

奥島氏： 今のご理解にはちょっと問題があります。スウェーデンの場合は給料の半分くらいは保険料で取られるのであって国が出すわけではありません。

質問者： それは理解しています。大学等で研究して頂いて，どういう形であればわが国に当てはまるかを考えて頂きたい。セーフティーネットといっても企業が税金を払わなければ成り立たないわけです。企業ばかりに求めるのではなく，社会全体としてどういう仕組みにするか，大学やマスコミの方々に研究して頂いて，日本の行くべき道を示して頂きたいなと思います。

荻野氏： メディアも弁護士と同じで，その人間の問題意識にすべてかかってきます。ですから，民事的な案件が持ち込まれたときに，記事になる場合もあれば，ならない場合もあります。特に「遵法」ということについてはこれからも社会部を中心として法律問題についてまじめに取り組んでいくと思います。

　たとえば，株主代表訴訟において株主の権利を失わせる，つまりその会社を別な会社に変えることで株主としての権利をはく奪したり，子会社がやった悪いことに対して親会社の株主が何も言えなかったりする仕組みなどについては，本来であれば解釈等で乗り越えられると思うのですが，まだそうなってはおりません。簡単にグループ会社がつくれたり，ホールディングカンパニーができたりして，あっという間に会社の実質が失われてしまうこともある。メディアがどういう対応をとるかということについて保証はできませんが，説得力次第で動かすことができると私は考えています。

＊＊＊

川内氏： それでは時間もだいぶ過ぎましたので，これで終了させて頂きます。本日は企業および行政にとって大変重要な問題提起がなされたのではないかと思っております。そういう意味でも，実りの多いシンポジウムであったかと存じます。来年以降も立正大学として，本日のテーマのもとで展開された論点を継続して法制研究所を中心に研究して，その成果を社会に対して発表して頂きたいと思います。今日は，市民の方からも深刻な問題提起がなされました。そういうことも含めて，今後，コンプライアンスの問題を市民，行政，企業の連携のなかで，さらに研究していきたいと思

第3章　パネル・ディスカッション　53

っております。本日は本当にどうもありがとうございました。

第4章
現代社会における企業のコンプライアンスとCSR

立正大学法学部特任教授
川 内 克 忠

立正大学法学部専任講師
出 口 哲 也

　本章では，第一章ないし第三章に収録されているシンポジウムの講演および議論の理解を促すことを目的として，主として企業のコンプライアンス，コーポレート・ガバナンス，CSR（企業の社会的責任）活動などに関わる基本的事項を概説します。

◆会社の存立を揺るがす企業不祥事

　企業の不正行為は，場合によっては企業の存立を揺るがす事態を招くこともあります。
　雪印食品による牛肉偽装事件をその一例として挙げることができるでしょう。報道によれば，同事件の概要は次のとおりです。2001年9月，わが国で初めてBSEに感染した牛が確認されました。その対策として，全頭検査を始めた2001年10月18日より前に解体された国産牛肉を業界団体が買い上げ，国が買い取り費用や処分費を全額助成する制度が実施されました。この制度を悪用し，雪印食品は同年10月，オーストラリア産牛肉を国産牛肉の箱に詰め替えることでオーストラリア産牛肉を国産牛肉であるかのように偽装し，業界団体に買い取らせていました。2002年1月23日，牛肉を保管していた倉庫会社の社長が偽装の事実を公表したことで，不正行為が発覚し，同日，雪印食品の社長もその事実を認めました。さらに同月28日には，国産牛肉の産

地の偽装も露見します。警察の捜査が進展し，他方で消費者の信用が失われていく中で，同社は会社再建をあきらめ，2月22日，4月末に会社を解散することを発表しました。4月26日，同社は臨時株主総会を開き，会社の解散を決議し，同月30日，雪印食品は偽装発覚から3カ月余りで解散するに至るのです。

◆社会に深刻な影響を及ぼす企業不祥事

　また，企業の不正行為は社会に対して甚大な影響を与えることもあります。たとえば，三菱自動車工業は，不具合の疑いがあったにもかかわらず，リコールなどの適切な対応をとらなかったため，2002年1月，同社製のトレーラーの左前輪が走行中に外れ，母子3名が死傷するという事故をもたらしました。同社の元市場品質部長らの刑事責任が問われた裁判の判決文では，三菱自動車工業のリコール隠ぺい体質が厳しく指弾されています。東京高裁の認定した事実によれば，同社では，リコール等の正式な改善措置を回避するなどの目的で，運輸省（当時）に開示する「オープン情報」と秘匿する「秘匿情報」に分け，品質情報を二重管理するという扱いを2000年の発覚に至るまで組織的に続けていました。運輸省の実施する立入検査に対しては，検査の1カ月前から秘匿情報の文書ファイルを隠したり，改ざんしたりするなどして準備をし，また抜き打ちの立入検査に備えて，短時間で秘匿情報を隠す訓練も行われていました。このような社内状況の中で，1992年から1999年までにタイヤと車軸をつなぐハブの強度不足が原因である疑いのある事故が相次いでいました。とりわけ裁判所が注目したのは，1999年に発生したJR中国バス事故とその後の三菱自動車工業の対応です。同事故は，高速道路を走行中のバスの右前輪のハブが破損して，右前輪タイヤが脱落したというものです。この事故に対して，三菱自動車工業は，リコールしないで済むように積極的な隠ぺい措置をとり，運輸省への報告書にも虚偽の内容を記載するなどして，秘密裏に事を処理するという対応をとりました。東京高裁は，JR中国バス事故の後に，ハブの強度不足の疑いによりリコールしておけば，母子3名が死傷するという事故は確実に防止できたと指摘しています。そして，

第4章　現代社会における企業のコンプライアンスとCSR　57

適切な対応ができなかったのは，被告人の責任のみならず，会社全体のリコール回避体質にもあると批判しています（なお，2007年，横浜地方裁判所は元部長などに対して禁錮1年6カ月（執行猶予3年）の有罪判決（業務上過失致死傷罪）を下し，同判決は2009年に東京高等裁判所においても支持されました。）。このように，企業の不正行為は，ときに人命を奪うこともあり，社会に対して深刻な結果を及ぼすこともありうるのです。

　以上に述べたような企業の不正行為の発生を未然に防ぎ，企業活動の健全性を確保するために，これまで様々な法的なアプローチがとられてきました。加えて，近年では，自発的な行動や任意の取り組みに参加することで，企業が負っている社会的責任を積極的に果たそうとする動きもみられます。本章では，このような法的および自発的アプローチのうち，本シンポジウムにおいて触れられているものを中心に紹介し，その内容を簡単に解説します。

◆企業活動を規律する法律

　わが国には，商法，会社法，手形法，保険法，労働法，金融商品取引法，独占禁止法，不正競争防止法など企業活動を規律する多くの法律が存在します。もちろん，民法や刑法も重要な機能を果たしています。本シンポジウムでは，会社法に関する規定が主に議論されていますので，ここでは，まずコーポレート・ガバナンス（会社経営の適法性を確保し，効率性を向上させるために，会社経営者に適切な規律づけを働かせる仕組み（伊藤靖史ほか・後掲書187頁））に関わる会社法の基本的な内容を中心に概説します。

◆会社法の制定

　わが国における一般会社法の歴史は，旧商法典の第一編第六章「商事會社及ヒ共算商業組合」から始まります。旧商法典は，ドイツ人のヘルマン・ロエスレル（レースラー）による草案をもとに，明治23年に公布されましたが，同法典は，明治32年に新しい商法が公布，施行されることで廃止されました。以後，この新しい商法は，日本経済の発展に適応するように度重なる改正を

受けながらも、会社法制における主たる役割を担ってきました。また、商法以外にも会社に関するさまざまな法律が定められました。

たとえば昭和13年には有限会社という会社形態を創設する「有限会社法」が制定されたり、昭和49年には会社の資本金（5億円以上）または負債総額（200億円以上）により「大会社」を定義し、大会社には公認会計士（または監査法人）である「会計監査人」の選任を義務付ける「株式会社の監査等に関する商法の特例に関する法律（商法特例法）」が制定されたりしました（ただし、同法の制定時には負債総額の基準による「大会社」は定められておらず、また証券取引法適用会社以外の株式会社に関しては、資本金10億円以上の会社だけが段階的に「大会社」とされていました（鳥山恭一「新会社法とコーポレート・ガバナンス」奥島孝康・後掲書76頁）。）。

このように、会社に対する規律は、商法を中心としながら、上述した有限会社法や商法特例法など複数の法律に散在していました。

平成17年に公布され、翌年施行された「会社法」は、これらの会社法制に関する規定を、1つの法律にまとめ、整理して制定された法律です（したがって、会社法の制定と同時に有限会社法および商法特例法は廃止されています。）。

会社法では、株式会社は①「公開会社」であるか「公開会社でない会社（以下、本章では非公開会社とします。）」であるか（なお、会社法でいう「公開」「非公開」とは、日常的に用いられる意味ではなく、会社の発行する株式の自由な譲渡を会社が制限しているか否かで分類されます。）、②「大会社（資本金5億円以上または負債総額200億円以上）」であるか「大会社でない会社（以下、本章では非大会社とします。）」であるかによって区別されます。すなわち、わが国の株式会社は、（ア）「公開会社で大会社」、（イ）「公開会社で非大会社」、（ウ）「非公開会社で大会社」および（エ）「非公開会社で非大会社」の4種類に分類されることとなります。一般的には、（ア）に該当する会社は主に上場会社であり（わが国には、東京証券取引所、大阪証券取引所、名古屋証券取引所、札幌証券取引所、福岡証券取引所、ジャスダック証券取引所の6つの証券取引所があります。上場会社とは、発行している株式が証券取引所で取引されている会社のことを言います。どのような会社でも上場できるわけではなく、各取引所の上場審査を経て、その会社が上場させるにふさわしいと判断されなければなりません。）、（イ）には新規上場会社の一部などが該

当し，(ウ) に該当する会社は上場会社の非上場子会社などがイメージされ，(エ) には主として中小企業が該当するといわれています (伊藤ほか・後掲書19頁，130-131頁)。そして，この分類によって適用される会社法の規則が異なることも少なくありません。本シンポジウムでは，(ア) の会社が念頭に置かれ議論されていることから，本章では，特に「公開会社で大会社」に分類される会社のコーポレート・ガバナンスに関して会社法はどのような規定を設けているのかを検討します。

	大会社	非大会社
公開会社	(ア) 上場会社など (本章で検討の対象とする会社)	(イ) 新規の上場会社など
非公開会社	(ウ) 上場会社の非上場子会社など	(エ) 中小企業など

◆株式会社の機関構成

　会社法は，すべての会社は法人であることを定めています。したがって，すべての会社は会社の名で権利を有し，義務を負うことになります。しかしながら，会社という法人には手足といった肉体や心はありませんから，実際には，会社組織の中にいる人間の行為と意思がこのような会社の行為や意思として扱われることになります。このような人間および人間の集まりは会社の「機関」と呼ばれています (近藤光男・後掲書175頁)。株式会社には，たとえば，次のような機関があります (伊藤ほか・後掲書129-130頁)。

　「株主総会」は，議決権を有する株主が決議に参加して，取締役や監査役といった他の機関の構成員を選任したり，株式会社の組織・運営などに関する重要事項について決定したりする株式会社の最高意思決定機関です。

　「取締役会」は，株主総会で選任された取締役によって構成され，会社の業務執行の決定を行うとともに，取締役の職務の執行を監督する機関です。また，取締役会は，その決議によって，取締役の中から会社の代表者 (代表取締役) を選定します。

「監査役会」は、株主総会で選任され、株式会社の運営や計算書類の作成が適法・適正になされているかを監査する監査役によって構成される機関です。

また、「会計監査人」は株式会社の計算書類の作成が適正になされているかを監視監督する機関であり、公認会計士の資格を持つ者（または監査法人）しか就任できません。

このように、さまざまな機関が適切に機能することで、株式会社は健全に運営されるのです。したがって、株式会社の機関のあり方は、コーポレート・ガバナンス論の中心的な課題のひとつとして議論されています。会社法は、その株式会社が先述した4つの種類（「公開会社で大会社」、「公開会社で非大会社」、「非公開会社で大会社」、「非公開会社で非大会社」）のうちどれに該当するかによって、どの機関を設置することができるのか、あるいは設置しなければならないのかを定めています。

「公開会社で大会社」に該当する会社については、株主が不特定多数にわたり、かつ会社債権者等も多数にわたることが想定されるため（相澤哲・後掲書104頁）、ガバナンスの強化のために、機関構成について、次の2通りの選択しか認められていません。すなわち、（1）株主総会、取締役会、監査役会を設置する機関構成をとるか（監査役会設置会社）、または（2）委員会設置会社と呼ばれる会社形態をとるか、のいずれかです（なお、いずれの会社においても会計監査人を設置しなければなりません。）。

◆監査役会設置会社

まず、監査役会設置会社の機関構成について検討します。この形態をとる株式会社では、株主総会において3名以上の取締役が選任されます。選任された取締役は取締役会を構成し、ここで会社の業務執行が決定されます。取締役会の決定は、取締役会決議により取締役の中から選定された代表取締役によって実行に移されます（なお、代表取締役は、取締役会から業務の意思決定を任された日常的な事柄について、自ら意思決定をし、それを実行することもできます。また、代表取締役以外の取締役のうち、取締役会決議によって業務を執行する取締役として

選定された者および代表取締役から業務執行を任された者も，その限りにおいて業務を執行することができます。）。

このように，取締役会は経営の意思決定をする役割を担っていますが，他方で，会社法は取締役会に取締役の職務の執行を監督する責任も課しています。しかしながら，現実には，取締役会による監督は十分機能していないと評価されています。①取締役の人数が多すぎるため，十分な議論ができない，②わが国の会社の取締役は，経営の専門家というより，むしろ従業員の上がりのポストという性格が強い，③代表取締役の部下によって取締役会が構成されているため，取締役会が代表取締役を監督することができない，④ほとんどの取締役が業務執行も担当するから，自己の業務執行を自ら監督することは困難であり，また同僚の取締役の業務執行を批判すると自らに跳ね返ってくる可能性があるから，お互いに他人の領域には口を出さないようになるといったことが，その理由として指摘されています（落合誠一・後掲書120頁）。

そこで，「公開会社で大会社」に該当する会社には，取締役会だけでなく監査役会が設けられています。監査役会は，株主総会で選任される3名以上の監査役（監査役はその会社または子会社の取締役や使用人などを兼ねることはできません。）によって構成されます。ただし，監査役会を構成する監査役のうち半数以上は社外監査役（監査役に就任する前にその会社または子会社の取締役等となったことがない監査役）でなければなりません。業務執行担当者の影響を受けず客観的な意見を表明できる者が監査役の中に必要である，というのが社外監査役制度の趣旨です（江頭憲治郎・後掲書482頁）。また，常勤者がいないと十分な監査ができないとの認識から，監査役会には1名以上の常勤監査役（他に常勤の仕事がなく，会社の営業時間中原則としてその会社の監査役の職務に専念する者）を置かなければならないことも法定されています（落合・後掲書122頁）。監査役は，それぞれ独立して取締役の職務執行が適法かどうか監査を行います。適切な監査を実施するために一定の調査権限および是正権限等も与えられています。このように，監査役会設置会社では，取締役会により会社経営が適法かつ妥当であるかどうかが監督され，加えて，社内情報に精通した常勤監査役と会社の過去のしがらみにとらわれず判断しかつ代表取締役等にも直言できる独立性の高い社外監査役とにより会社経営の適法性が監査されること

が期待されているのです（江頭・後掲書482頁注（3））。なお，会社の計算書類等については，さらに会計監査人が監査することにより，その適正性が担保されています。

◆委員会設置会社

委員会設置会社は平成14年の法改正によって導入された会社形態の会社です（導入時は「委員会等設置会社」とされていました。）。委員会設置会社においても，株主総会で選任された3名以上の取締役によって取締役会が構成され，取締役会によって会社の業務執行が決定されます。しかしながら，委員会設置会社では，取締役会は，取締役会決議によって選任する「執行役」に多くの業務執行の決定を委任することができ，かつ執行役はその決定を実行することができます。これに対して，前述の監査役会設置会社では，業務執行の決定の多くを取締役会で行わなければならないため，取締役会が多人数で構成されている場合，業務執行の迅速な決定は困難となります（江頭・後掲書512頁）。そのため，委員会設置会社は監査役会設置会社に比べて，機動的な経営が可能となることが指摘されています（伊藤ほか・後掲書196頁）。

委員会設置会社では，監査役・監査役会は設置されず，会社経営の適正性を監督する役割は，取締役会が担います。とりわけ取締役会内部に設置される3つの委員会がその中心的機能を果たします。3つの委員会とは，①株主総会に提出する取締役の選任・解任議案の内容を決定する「指名委員会」，②取締役や執行役の個人別の報酬の内容を決定する「報酬委員会」，③取締役や執行役の職務の執行を監査する「監査委員会」です。委員会設置会社では，これら3つの委員会すべてを必ず設置しなければなりません。各委員会は取締役会で選定された3名以上の取締役で構成されます。それぞれの委員会の過半数は社外取締役（現在および過去においてその会社または子会社の業務執行者（代表取締役や執行役など）または使用人でない（なかった）取締役）でなければならないことも法定されています（なお，監査委員会の委員は，社外取締役でない委員であってもその会社または子会社の業務執行者を兼任できません。）。社外取締役が過半数を占める委員会に強い権限を与え，社内の人間関係（あるいは上下関

係)に束縛されずに監督機能が働くことを企図しているのです(伊藤ほか・後掲書193頁)。

　委員会設置会社の取締役は，原則として，会社の業務を執行することができないことも特徴的な点です。すなわち，監査役会設置会社のように代表取締役や業務を執行する取締役を置くことは認められません。委員会設置会社では，業務執行(執行役)と監督(取締役・取締役会)とを制度的に分離し，監督の実効性をあげる趣旨からこのように定められています(監督と執行の分離)。もっとも，執行役と取締役の兼務は法律上認められています。これは，取締役の中に執行役を兼務する者がいた方が，会社の業務執行の状況や会社の内情を把握することが容易になり，監督権限の適切な行使に資すると考えられるためです(泉田栄一・後掲書484頁)。したがって，すべての委員会設置会社において執行と監督が「完全に」分離されているわけではありません。

◆両者の比較

　ここまで見てきたように，監査役会設置会社では，取締役会が会社経営の役割を担うとともに，それが適切に行われているかどうかを監督する役割も担います。取締役会とは別に，監査役(会)も会社が適法に運営されているかを監査します。取締役会と監査役会による監督・監査により，会社経営の適正性・適法性がチェックされるわけです。これに対して，委員会設置会社では，執行役が経営者の役割を果たし，取締役会は，社外取締役や三委員会を中心として，主に監督機関としての役割を果たします。

　すでに述べたように，監査役会設置会社となるか委員会設置会社となるかは会社の自由な判断に委ねられています。このことは，「複数の制度を選択可能とすることにより，「制度間競争」を生じさせ，競争の緊張を通じて機関の運用が改善されること」を会社法が期待しているからであるとされています(江頭・前掲書512頁)。

　それでは，監査役会設置会社と委員会設置会社では，どちらがより多く選択されているのでしょうか。

　平成22年9月10日現在，東京証券取引所に上場している会社2294社中，監

査役会設置会社を選択している会社は2243社（97.8％）で，委員会設置会社を選択している会社は51社（2.2％）です（『東証上場会社コーポレート・ガバナンス白書2011』15頁 図表15参照。<http：//www.tse.or.jp/rules/cg/white-paper/b 7 gje 60000005 ob 1-att/cg 201103.pdf>）。東証に上場している会社の中では，圧倒的に監査役会設置会社を選択する会社が多いことがわかります。

委員会設置会社を選択する会社が少ないのには，次のような理由が挙げられています（伊藤壽英「監査役会設置会社と委員会設置会社の比較」浜田道代＝岩原伸作編『会社法の争点』（有斐閣，2009年）125頁）。①３つの委員会と会計監査人をワンセットとして必ず設置しなければならない点が，あまりに厳格で柔軟性を欠いている（近藤光男＝志谷匡史・後掲書290－291頁），②社外取締役の人材が不足している（横山淳「委員会設置会社の社外取締役の実態」商事法務1814号（2007年）32頁以下，36頁），③取締役の人事権と報酬決定権を独占することによって取締役会をコントロールしてきた経営トップが，そのコントロールを失うのを回避したかった（土岐敦司「委員会設置会社のガバナンス」法律時報80巻11号（2008年）38頁以下，42頁）などです。

ただし，委員会設置会社を選択する会社にはわが国を代表する有力企業が含まれていることから，その経済的重要性は，採用社数から想像される以上に大きいとも指摘されています（落合誠一編・後掲書70頁）。たとえば，日本監査役協会「委員会設置会社リスト」によれば，2011年８月９日現在，イオン，ソニー，日立製作所，野村ホールディングス，東芝，日本郵政などが委員会設置会社に移行しています（<http：//www.kansa.or.jp/support/%E 6%9 C%80％ E 6%96％ B 0％ EF%BC%88110809％ EF%BC%89.pdf>）。

不祥事を起こした会社が，ガバナンスの強化のために委員会設置会社に移行するという例も見られます。たとえば，2006年１月，ビジネスホテルチェーンの株式会社東横インは，法律や条例によって設置が義務付けられている身体障害者用の施設や駐車場をいったん建設しながら，市などの完了検査が終了した後に，これらの施設等を撤去したり改造したりする不正行為を行っていたことが報道されました。この事件を受けて，同社は，行政当局の指導のもとに是正・改善措置をとるとともに，2006年５月31日，委員会設置会社へと移行しました。2007年11月７日に同社の「ユニバーサルデザイン対応

化委員会」が取りまとめ，同社取締役会に提出された最終答申書では，委員会設置会社への移行は，「経営の健全性と透明性を確保するとともに，環境の変化に即応した迅速な対応ができるように」するためであり，移行により「監査機関として社外取締役を含めた取締役会を強化するとともに，執行側への一層の権限移譲を実行する一方，業務執行の責任を明確」にすることができたと評価されています（株式会社東横インユニバーサルデザイン対応化委員会「最終答申書」6頁<http://www.toyoko-inn.com/etc/recovery/report.pdf>）。

　もっとも，会社法の規定上，ガバナンス機能の点で必ずしも委員会設置会社が監査役会設置会社よりも特に優れているということはいえないように思われます。監査役会設置会社を選択したとしても，それぞれの機関が課せられた役割を適切に果たすことで，不正行為の発生は防止できるのではないでしょうか。委員会設置会社へ移行することがただちにガバナンス強化につながるわけではないという点に注意すべきでしょう。

◆内部統制システムの構築

　監査役会設置会社であっても，委員会設置会社であっても，取締役会においていわゆる「内部統制システム」の整備に関する事項を決定しなければならないことが会社法上，定められています。内部統制システムとは，「会社の計算および業務執行が適正かつ効率的に行われることを確保するため，取締役が業務執行の手順を合理的に設定するとともに，不祥事の兆候を早期に発見し是正できる」ような仕組みのことをいいます（伊藤ほか・後掲書171頁）。
　わが国では，大和銀行事件の判決（大阪地判平12.9.20判例時報1721号3頁以下）において，初めて取締役の内部統制システム構築義務について言及されました。同事件の概要は次のとおりです。大和銀行ニューヨーク支店の行員Aは，昭和59年ころに1回の証券取引で約20万ドルの含み損を抱え，これを計上すれば取引停止となると考え，この損失を取り戻そうと，無断かつ簿外で，財務省証券の取引を行い，かえって損失を拡大させてしまいました。Aの無断取引は，平成7年まで行われ，結局，約11億ドルの損失を計上するに至りました。他方で，大和銀行は，ニューヨーク支店における不正行為を米国

の関係当局に隠蔽するなどしたことから，平成7年11月に刑事訴追を受け，罰金など3億4000万ドルと弁護士報酬1000万ドルを支払うこととなりました（なお，Aは米国連邦捜査局により逮捕され，禁錮，罰金の判決を言い渡されました。）。大和銀行の株主は，代表取締役およびニューヨーク支店長の地位にあった取締役が，行員の不正行為を防止するとともに，損失の拡大を最小限にとどめるための内部統制システムを構築すべき注意義務を負っていたのにこれを怠り，その他の取締役は，代表取締役らが内部統制システムを構築しているか監視する注意義務を負っていたのにこれを怠ったため，Aの不正行為を防止できなかっただけでなく，刑事訴追を受けるという事態をももたらしたとして，同行の取締役らに対して，その損害を同行に賠償するよう求め，訴えを提起しました。

　この事件において，大阪地裁は次のように判示しました。すなわち「健全な会社経営を行うためには，目的とする事業の種類，性質等に応じて生じる各種のリスク・・・の状況を正確に把握し，適切に制御すること，すなわちリスク管理が欠かせず，会社が営む事業の規模，特性等に応じたリスク管理体制（いわゆる内部統制システム）を整備することを要する。そして，重要な業務執行については，取締役会が決定することを要するから（商法260条2項（改正前：筆者注）），会社経営の根幹に係わるリスク管理体制の大綱については，取締役会で決定することを要し，業務執行を担当する代表取締役及び業務担当取締役は，大綱を踏まえ，担当する部門におけるリスク管理体制を具体的に決定するべき職務を負う。この意味において，取締役は，取締役会の構成員として，また，代表取締役又は業務担当取締役として，リスク管理体制を構築すべき義務を負い，さらに，代表取締役及び業務担当取締役がリスク管理体制を構築すべき義務を履行しているか否かを監視する義務を負うのであり，これもまた，取締役としての善管注意義務及び忠実義務の内容をなす・・・」。そして，Aによる不正行為を発見，防止できなかったのは，大和銀行の内部統制システムが実質的に機能していなかった部分があったためであるとして，取締役11名に対して損害賠償を命じました（最高額は7億7500万ドル（当時の為替レートで約830億円））。

　この判決が下された後，わが国では，平成14年に委員会設置会社について

内部統制システム構築義務が明文化されました。平成17年に制定された会社法では，委員会設置会社以外の株式会社についても内部統制システムを整備することが法定されています。

◆企業の自発的アプローチ

　ここまで，企業による不正行為を防止するために，会社法はいかに対応しているかということを紹介し，検討してきました。
　会社法などの法律を遵守しながら営利を追求することは，企業の基本的な目的であるといえるでしょう。しかしながら，企業が単に営利追求のみを目的とせずに，社会的責任を果たすための取り組みを自発的に行っていることもあります。ここからは，そのような自発的な取り組みについて見ていくこととします。

◆ISO

　ISO（International Organization for Standardization：国際標準化機構）は，スイスのジュネーブに本部を置く国際機関で，1947年に発足しました。2012年10月現在，164団体（1カ国1団体）が加盟しています。わが国からは日本工業標準調査会（JISC）が参加しています。ISO は，これまでに19000件を超える国際標準規格を発行してきました。たとえば，写真のフィルムやネジはISOの国際標準規格に従って製造されています。他方で，ISO はマネジメントシステムに関する規格も定めています。マネジメントシステムとは，「あることの目的を達成するための組織の仕組みとそれに関わる活動，及び組織の仕組みと活動を改善する活動」を意味すると説明されます（日本規格協会・後掲書12頁）。ISO9000s や ISO14000s はマネジメントシステムに関する代表的な国際標準規格です。前者は「組織が顧客に提供する製品やサービスの品質を維持し，向上させることを目的として定められた」国際規格であり（上月宏司＝井上道也・後掲書23頁），後者は「企業などの組織の環境管理に関する仕組みや活動を要素に分けると共に，それらの要素を規定する」国際規格です

（日本規格協会・後掲書9頁）。これらの規格は法的拘束力を持つものではありませんので，規格の要求事項に合致するマネジメントシステムを構築するかどうかは，基本的には各企業の判断に委ねられています。もっとも，第三者により規格の要求事項を満たしていることが実証され，表明されると，当該規格の認証を取得することができます（日本規格協会・8頁）。したがって，たとえばISO14001の認証を取得したと公表することは，その組織がISO14001の要求事項を満たす環境マネジメントシステムを運用していることを意味します（日本規格協会・後掲書9頁）。

　ISOは社会的責任に関する国際標準規格も発行しています。2010年11月に発行されたISO26000です。ISOは2001年4月に企業の社会的責任に関する規格の作成の検討を開始しましたが，その後，企業以外の組織にも適応可能なものとするため，ISO26000を「企業の社会的責任（CSR）」ではなく「社会的責任（SR）」に関する規格として作成しました。

　ISO26000は，（1）社会的責任の意味や取り組むべき課題についての国際的な共通了解を発展させ，（2）原則を行動へと転換させるガイダンスを提供し，（3）すでに展開されている最善の慣行を洗練し，（4）国際社会の利益となる情報を世界的に広めることで，社会的責任に関するこれまでの業績に新たな価値を付与するとともに，社会的責任の理解および実現を拡大することに寄与することが期待されています。具体的には，ISO26000は①組織統治，②人権，③労働慣行，④環境，⑤公正な事業慣行，⑥消費者問題，⑦コミュニティ参画および発展の7つを社会的責任の中核主題として示しています。

　なお，社会的責任の分野は広く，組織によってとるべき手段も異なります。また，この分野は発展途上であるため，標準化することが難しいだけでなく，標準化することが取組みの多様性を損なうことにもなりかねないことが指摘されています（関正雄・後掲書21頁）。そのため，ISO26000は，ISO9000sやISO14000sのように第三者認証の取得を目的とするものではありません。ISO26000は，社会的責任の理解と主体的行動を促すこと目的として，社会的責任に関する基本的な考え方と，選択可能な幅広い具体的なアクションプラン，利用可能なツールを収録している「ガイダンス（手引書）」と位置付けられているのです（関・後掲書21－22頁）。

◆SRI

　通常，投資先を選定する際には，その企業の経済的なパフォーマンスを基準にします。しかし，経済的な指標だけでなく，どれだけその企業が社会的責任を果たしているかという点も重視して投資先を選定する手法があります。SRI（Socially Responsible Investment：社会的責任投資）とは，このような投資手法を指す用語であり，近年，注目を集めています。

　SRI の歴史は1920年代のアメリカから始まります。当時のアメリカでは，キリスト教の一部の宗派が教会資金の運用について，キリスト教の教義に反するアルコール，タバコ，ギャンブルに関わる企業には資金を投資しないという方針を採用していました。今日的意義における SRI のルーツはこの方針の中に見出すことができるといわれています。

　1960年代から70年代にかけて，アメリカでは公民権運動，ベトナム反戦運動，環境保護運動などの社会運動が活発に展開されていました。そして，SRI は，社会運動の主体であった団体や大学などによって，これらの社会運動の一つの手段として利用され始めます。たとえば，軍事関連産業へは投資しないことで反戦の意思を示し，南アフリカで操業している企業へ投資しないことでアパルトヘイト反対の意思を示すわけです。1971年には，世界初の SRI ファンド（パックス・ワールド・バランスド・ファンド）が設立され，小口の資金しか持たない個人投資家も自身の投資行動により社会運動に参加することができるようになりました。

　1990年代以降，CSR に関心の高い個人投資家が増加したことや年金基金などの機関投資家が SRI に参入したことにより，アメリカやヨーロッパにおける SRI 資金量はさらに増加しています。

　それでは，わが国において SRI はどのように展開してきたのでしょうか。わが国では，1980年代末に起こった脱原発の株主運動が SRI の起こりといわれていますが，ビジネスとしての SRI は，1999年8月に発売された「日興エコファンド」が第一号です。日興エコファンドは，環境問題への取り組み状況により投資先を選定する SRI 型投資信託と呼ばれる金融商品です。

日興エコファンドに続き、多くの金融機関が様々なエコファンドを発売する一方で、次第に、環境問題以外にもCSRへの取り組み状況なども評価対象に含む投資信託が発売され始めました。2012年10月末現在、わが国で設定されている主なSRI型投資信託は次に示す図表のとおりです。

投信会社名	名称（愛称）	設定日	純資産総額（百万円）
朝日ライフアセットマネジメント	朝日ライフSRI社会貢献ファンド（あすのはね）	2000年9月28日	2570
アムンディ・ジャパン	アムンディ・りそなウーマンJファンド（Love Me! PREMIUM）	2006年6月30日	363
岡三アセットマネジメント	日本SRIオープン（絆）	2005年8月12日	894
しんきんアセットマネジメント投信	フコクSRI（社会的責任投資）ファンド	2004年4月27日	2,266
損保ジャパン日本興亜アセットマネジメント	損保・ジャパン・グリーン・オープン（ぶなの森）	1999年9月30日	13,970
	損保ジャパンSRIオープン（未来のちから）	2005年3月25日	830
大和証券投資信託委託	ダイワSRIファンド	2004年5月20日	1,666
	ダイワ・エコ・ファンド	2006年3月9日	5,072
日興アセットマネジメント	日興エコファンド	1999年8月20日	10,131
パインブリッジ・インベストメンツ	SAIKYO日本株式CSRファンド（すいれん）	2005年3月18日	486
	りそなジャパンCSRファンド（誠実の杜）	2005年3月18日	2,420
	PB／ひろぎん日本株式CSRファンド（クラスG）	2005年4月28日	160
三井住友トラスト・アセットマネジメント	SRIジャパン・オープン（グッドカンパニー）	2003年12月26日	9,472
	日本株式SRIファンド	2006年6月12日	3,285
	社会的責任ファンド（SRI計画）	2006年11月30日	491
三菱UFJ投信	エコ・パートナーズ（みどりの翼）	2000年1月28日	819
	三菱UFJ SRIファンド（ファミリー・フレンド）	2004年12月3日	1,369

（モーニングスター社会的責任投資株価指数のウェブサイト（http://www.morningstar.co.jp/sri/index.htm）を参照し作成（2012年11月7日確認））

◆グローバル・コンパクト

　グローバル・コンパクトとは,「各企業が責任ある創造的なリーダーシップを発揮することによって, 社会の良き一員として行動し, 持続可能な成長を実現するための世界的な枠組み作りに参加する自発的な取り組み」です(グローバル・コンパクト・ジャパン・ネットワーク)。グローバル・コンパクトは1999年1月に「世界経済フォーラム」においてコフィ・アナン国連事務総長(当時)により提案され, 2000年7月に正式に「国連グローバル・コンパクト」として発足しました。

　企業は, 人権に関する2つの原則(①企業はその影響の及ぶ範囲内で国際的に宣言されている人権の擁護を支持し, 尊重する。②人権侵害に荷担しない。), 労働に関する4つの原則(③組合結成の自由と団体交渉の権利を実効あるものにする。④あらゆる形態の強制労働を排除する。⑤児童労働を実効的に廃止する。⑥雇用と職業に関する差別を撤廃する。), 環境に関する3つの原則(⑦環境問題の予防的なアプローチを支持する。⑧環境に関して一層の責任を担うためのイニシアチブをとる。⑨環境にやさしい技術の開発と普及を促進する。)および腐敗防止に関する1つの原則(⑩強要と贈収賄を含むあらゆる形態の腐敗を防止するために取り組む。)から成る10の原則を支持する書簡を国連事務総長宛てに送ることで, グローバル・コンパクトに参加することができます。グローバル・コンパクトへの参加は, 企業の自発的な意思に委ねられており, 国連が参加を強制するものではありません。また, グローバル・コンパクトの原則には法的な拘束力もありません。企業が自発的に各原則を実践することが期待されているのです。現在, 世界中から1万を超える団体がグローバル・コンパクトに参加しています(2012年10月5日確認)。

　わが国では2001年2月にキッコーマン株式会社がグローバル・コンパクトに参加したのを先駆けとして, 2012年10月現在では日本の参加企業・団体は165に上ります。参加企業・団体のうち, たとえば東京海上日動は, 2009年から, 保険契約者が紙による約款でなく「Web約款(ホームページによる閲覧)」を選択した場合には, 同社がマングローブ2本の植林相当の金額を環

境NGO等に寄付するという取り組みを実施しています。また，NEXCO西日本は，2010年から，高速道路の遮音壁に太陽光発電パネルを設置し，日照を遮られにくい高速道路遮音壁の特徴を生かして太陽光発電を行っています。各企業・団体はこのような活動を通じて，自発的にグローバル・コンパクトの原則を実践しているようです。

◆おわりに

　本章では，主として会社法やCSRに関する基本的事項について概説してきましたが，本シンポジウムは，その副題を「企業・行政・市民社会からのアプローチ」としているように，行政機関におけるコンプライアンスや公益通報者保護法など，幅広いテーマを検討の対象としています。その中では，さらに深く検討するべき問題も数多く提起されているものと思われます。第1章ないし第3章にその詳細が記されていますが，たとえば，営利追求を目的とし倒産しうる企業と市民サービスを目的とし倒産することのない行政機関とではコンプライアンスに対する姿勢は異なるのかといった点は，本シンポジウムが多彩なパネリストによって議論されたことから生じた興味深い問題ではないでしょうか。また，パネル・ディスカッションでは，パネリストと市民との間でも活発な意見交換が展開されています。市民の方々の質問や発言は，わが国におけるコンプライアンスに関する現実的な課題を示しているように思われます。

　以上のように，本シンポジウムは，専門的かつ現実的な問題提起および議論が展開されている点で，大変有意義なものとなりました。基調講演をお引き受けくださった奥島孝康先生をはじめパネリストの皆さま，当日ご出席いただいた多数の市民の皆さまにあらためて深謝申し上げる次第です。

参考URL：
グローバル・コンパクト・ジャパン・ネットワーク
(http://www.ungcjn.org/index.html)
国連グローバル・コンパクト
(http://www.unglobalcompact.org/index.html)

ISO
(http://www.iso.org/iso/home.htm)
日本工業標準調査会
(http://www.jisc.go.jp/index.html)

主な参考文献：
上月宏司・井上道也『ISO9000入門』（日本規格協会，改訂版，2012年）
日本規格協会『ISO14000入門』（日本規格協会，第2版，2011年）
関正雄『ISO26000を読む』（日科技連，2011年）
伊藤靖史ほか『会社法』（有斐閣，第2版，2011年）
近藤光男『最新株式会社法』（中央経済社，第6版，2011年）
江頭憲治郎『株式会社法』（有斐閣，第4版，2011年）
落合誠一編『会社法 Visual Materials』（有斐閣，2011年）
ISO／SR 国内委員会『ISO26000：2010社会的責任に関する手引』（日本規格協会，2011年）
落合誠一『会社法要説』（有斐閣，2010年）
泉田栄一『会社法論』（信山社，2009年）
郷原信郎『企業法とコンプライアンス』（東洋経済新報社，第2版，2008年）
梅田徹『企業倫理をどう問うか』（日本放送出版協会，第2版，2009年）
奥島孝康『企業の統治と社会的責任』（金融財政事情研究会，2007年）
水口剛『社会的責任投資（SRI）の基礎知識』（日本規格協会，2005年）
相澤哲『一問一答新・会社法』（商事法務，2005年）
谷本寛治『SRI 社会的責任投資入門』（日本経済新聞社，2004年）
近藤光男＝志谷匡史『改正株式会社法Ⅱ』（弘文堂，2002年）

あとがき

立正大学法学部教授
鈴 木 隆 史

「企業の社会的責任」という問題は，必ずしも新しい問題ではないのでしょうが，今日のインターネット社会の到来が，その問題を先鋭化させたことは疑いないでしょう。一般人も容易に参加でき，一瞬にして不祥事が社会全体に広まる「情報流通社会」の到来が，企業存続のためのコンプライアンスの必要性を高め，企業の社会的存続を可能にするガバナンスの実現を喫緊の課題とした大きな背景であるように思えます。

これは，企業の商品やサービスを提供される受け手としての「一般社会人」にとって，その質を確保する上で大変ありがたい状況であり，社会の持続的発展の為にも必要な過程であると思います。ただ，一般社会人が，その「企業の一員」である場合に，必ずしも手放しで喜べる状況とは言えないのも，また事実でしょう。企業トップの無責任な運営によって企業が倒れ，職を失った無辜の従業員も多数存在するわけで，その意味では，情報流通は酷な結果をもたらしかねません。

そこで，組織によっては，臭いものに蓋をするという対応をする可能性もあるでしょうが，今日の情報流通社会は，それを許さないところまで来ているように思います。そうであれば，最終的に企業が，株主や従業員，社会の一般市民の利益を確保するためにも，新たな企業運営の在り方，そしてそれを支える地域行政や市民社会の協力が必要になってきているのではないでしょうか。

本稿は，そういう問題意識を出発点として，「現代社会とコンプライアンス」と題して2009年12月に開催した立正大学法学部シンポジウムの講演を纏めたものです。当時，食品偽装問題等，企業の社会的責任が問われる事件が頻発していたこともあって，当日は多数の聴衆が駆けつけてくださり，大盛況でした。このことは，この問題が，単に一企業の問題にとどまらず，社会

一般人の重大関心事であり，人々の生活・生存に直結する社会的問題でもある，ということを反映しているように思われました。

　シンポジウムの副題を「企業・行政・市民社会からのアプローチ」としたのも，まさにこれからの社会をより良いものにしていくために，企業も，行政も，市民社会も，それぞれの立場で何ができるのか，この問題を共同の問題として捉えていこうという試みでした。その意欲的な試みが可能となったのは，シンポジウムの趣旨に賛同し，快く講演者としてご協力してくださった各界のエキスパートの方々のお蔭です。また，遠方より会場にご参集いただき，最後まで熱心に耳を傾けてくださった聴衆の皆様のお蔭でもあります。この場を借りて心より御礼申し上げる次第です。

　なお，本書には，この問題を理解するための参照資料として新たに書き下ろしていただいた論稿も併せて掲載しております。その執筆ならびに編集にあたっては，法学部専任講師の出口哲也氏のご協力をいただきました。関係者の異動や病気等の理由で出版が大幅に遅れる中，こうして本書を世に送り出せたのも，出口氏の献身的なご協力があったからこそです。

　企画・編集責任者として，改めて，ご協力いただいた方々に感謝申し上げますとともに，皆様方のご協力によって編まれた本書が，これからの企業の社会的責任のあり方を考える素材として活用していただけましたら，大変ありがたく存じます。

（法学部長・シンポジウム当時）

【執筆者・パネリスト紹介】 ＊肩書きは原則としてシンポジウム当時のもの

川内克忠（かわうち　よしただ）
　　立正大学法学部特任教授
奥島孝康（おくしま　たかやす）
　　早稲田大学前総長・法務研究科教授
荻野博司（おぎの　ひろし）
　　朝日新聞社記者
深見啓司（ふかみ　けいし）
　　横浜市行政運営調整局コンプライアンス推進室長
池田秀雄（いけだ　ひでお）
　　立正大学法学部特任教授・弁護士
山口道昭（やまぐち　みちあき）
　　立正大学法学部教授・立正大学法制研究所長
出口哲也（でぐち　てつや）
　　立正大学法学部専任講師
鈴木隆史（すずき　たかし）
　　立正大学法学部教授

グリーンブックレット　7

現代社会とコンプライアンス
　―企業・行政・市民社会からのアプローチ―

2013年2月1日　初版第1刷発行

編　集　　立正大学法学部
　　　　　立正大学法制研究所
発行者　　阿　部　耕　一

162-0041　東京都新宿区早稲田鶴巻町514番地
発行所　　株式会社　成　文　堂
　　　　　電話 03(3203)9201(代)　Fax 03(3203)9206
　　　　　http://www.seibundoh.co.jp

印刷・製本　藤原印刷
☆乱丁・落丁本はおとりかえいたします☆
Ⓒ 2013 立正大学法学部・立正大学法制研究所
ISBN978-4-7923-9233-8　C3032

定価（本体800円＋税）　　　検印省略

グリーンブックレット刊行の辞

　グリーンブックレットの刊行は，立正大学法学部の日頃の教育研究活動の成果の一端を社会に還元しようとするものです。執筆者の個人的な成果ではなく，組織的な学部プロジェクトの成果です。私たちが高等教育機関としてその社会的使命をいかに自覚し，どのような人材育成上の理念や視点を貫きながら取り組んできているのかが，シリーズを通しておわかりいただけるはずです。したがって，グリーンブックレットの刊行は私たちの現状の姿そのものを世間に映し出す機会であるといっても過言ではありません。

　グリーンブックレットの「グリーン」は，立正大学のスクールカラーです。これは，大学の花である「橘」が常緑であることに由来するもので，新生の息吹と悠久の活力を表しています。現在の社会の抱えるさまざまな問題や矛盾を克服することは容易ではありませんが，次の社会を支える若い世代が，健全で，勇気と希望を持って成長し続ける限り，より良い未来を期待する事ができるものと信じます。そうした若い世代の芽吹きの一助たらん事を願って，このグリーンブックレットを刊行いたします。

2009（平成21）年12月

立正大学法学部長
鈴　木　隆　史